Fabienne
Schovenberg

DIE
WELT
IST
NOCH
ZU
RETTEN

Auf der Suche
nach Motivation
beim Weltverbessern

IMPRESSUM

Fabienne Schovenberg
Ist die Welt noch zu retten | Die Welt ist noch zu retten
Auf der Suche nach Motivation beim Weltverbessern

© 2020 VAS – Verlag für Akademische Schriften,
ein Imprint der Westarp Verlagsservicegesellschaft mbH
Kirchstraße 5, D-39326 Hohenwarsleben | www.westarp.de

1. Auflage 2020

ISBN 978-3-88864-564-8

© 2020 Konzept, Text, Gestaltung und Satz: Fabienne Schovenberg
Kommunikation und Gestaltung für Mensch, Umwelt und Zukunftsfähigkeit
kontakt@fabienneschovenberg.de | www.fabienneschovenberg.de
Instagram: fabienneschovenberg

Indesign-Skript zur Erstellung des Farbverlaufs über die Seitenrahmen hinweg:
Simon Wehr | Wehr & Weissweiler – *Erfolgsfaktor Design* | www.wehrundweissweiler.de

Verwendete Schrift: Ivy Journal von Jan Maack | The Ivy Foundry

Druck und Bindung: Druckerei Kühne & Partner GmbH & Co. KG | www.unidruck7-24.de

Die Innenseiten des Buchs sind auf energie- und wassersparend hergestelltem
100% Recyclingpapier gedruckt, das mit dem Blauen Engel ausgezeichnet ist.
Zum Schutz und für eine längere Haltbarkeit des Buchs habe ich mich beim
Umschlag für eine Folienkaschierung entschieden.

In diesem Buch verwende ich die männliche Form der Ansprache. Dies ist ausdrücklich
nicht diskriminierend zu verstehen und ich bitte alle Menschen, sich gleichermaßen
angesprochen zu fühlen.

Die in diesem Buch enthaltenen Informationen habe ich nach bestem Wissen erstellt und
mit größtmöglicher Sorgfalt überprüft. Ich bin jederzeit für Anregungen, Verbesserungsvorschläge und Anfragen dankbar und freue mich über Ihre Nachricht via
kontakt@fabienneschovenberg.de.

*Diese Publikation wurde durch die Unterstützung
der Andrea von Braun Stiftung ermöglicht.*
Die Andrea von Braun Stiftung hat sich dem Abbau von
Grenzen zwischen Disziplinen verschrieben und fördert
insbesondere die Zusammenarbeit von Gebieten, die sonst
nur wenig oder gar keinen Kontakt miteinander haben.
Grundgedanke ist, dass sich die Disziplinen gegenseitig
befruchten und bereichern und dabei auch Unerwartetes
und Überraschungen zu Tage treten lassen.

Andrea von Braun Stiftung

voneinander wissen

INHALTSVERZEICHNIS

ZUKUNFT

Hindernisse

IST DOCH GAR NICHT SO LEICHT

FRUSTRIERTER WELTVERBESSERER SUCHT MOTIVATION

Warum es mir irgendwann ziemlich schlecht ging, obwohl ich versuchte, Gutes zu tun, wie dadurch dieses Buch entstand und warum uns das hoffentlich hilft, die Welt zu verbessern

Weltverbesserer haben irgendwie ein seltsames Image. Sie bemühen sich, Gutes zu tun und eigentlich sollte man meinen, dass sie dafür wertgeschätzt werden und als überzeugte Vorbilder dienen. Nur scheint dieses Bild weder nach außen anzukommen, noch bei ihnen selbst. Entweder, sie werden belächelt und nicht ernst genommen, als naive Gutmenschen abgetan, nach dem Motto: „*Oh, guck mal. Die denken, sie könnten was bewegen. Als würde das jetzt die Welt retten. Aber sollen sie mal machen, wenn sie daran glauben und ihnen das Freude bereitet.*" Oder sie sind die Hippies, Ökos, Fanatiker und Moralapostel, die Verzicht predigen, anderen vorschreiben, wie sie zu leben haben, und ihnen ein schlechtes Gewissen einreden. Und dann gibt es noch die ganz extremen Aktivisten, die sich an Bäume ketten oder mit ihren Booten zwischen Walfänger und Wale fahren. Für die ist vielleicht sogar noch so etwas wie Bewunderung da. Aber bevor der Punkt erreicht ist, an dem sich der Gedanke einstellt, dass bei so viel Einsatz und Engagement ja wirklich was dran sein könnte an der Sache, wird es dann doch eher als echt seltsam und verrückt abgetan. Bei all dem entsteht der Eindruck, Weltverbesserer würden nur ihre soziale oder umweltfreundliche Ader ausleben. Dabei gibt es gar kein *wir* und *die*. Weltverbessern ist nicht das Hobby einiger weniger, sondern eine Verantwortung und Möglichkeit für uns alle. Es mag die unterschiedlichsten Namen haben: von Nachhaltigkeit über Gemeinwohl bis hin zu Zukunftsfähigkeit. Aber eigentlich meinen wir mit all dem mehr oder weniger das Gleiche: Es geht um Rücksicht und Verantwortung gegenüber unseren Mitmenschen, egal wie weit entfernt von uns sie leben*, und gegenüber unserer Umwelt, ohne die wir nicht leben können. Und es sind nicht nur die Naiven, die Moralapostel oder die extremen Aktivisten, die versuchen, die Welt besser zu machen. Weltverbessern hat unzählige Gesichter: vom Weltverbesserer der ersten Stunde bis zum zaghaften Anfänger; vom Selbstversorger bis zum Verpackungs-Vermeider; vom Achtsamkeits-Blogger bis zum Streetworker; vom Pfleger oder Arzt bis zum Minimalist; vom Social Entrepreneur bis zum Essensverwerter; vom Mülltrenner bis zum Geschichtenerzähler; vom Spender für wohltätige Zwecke bis zum bewussten Konsumenten; vom Träumer über den Forscher bis hin zum Visionär. Es gibt viele Menschen, die die Welt verbessern und denen das vielleicht gar nicht so bewusst ist. Und es gibt viele, die mehr machen könnten, um die Welt zu verbessern, ohne dass sie sich darüber im Klaren sind. Jeder von uns kann dazu beitragen, dass die Welt für alle von uns ein Stück besser wird. Nur ist das nicht immer ganz so leicht getan wie gesagt.

Pommes mit Tiefgang

Ich liebe Pommes. Und ich liebe Pommes mit Mayo. Und ich weiß, dass in herkömmlicher Mayo herkömmliche Eier aus herkömmlicher Haltung sind. Eine Stimme in mir sagt dann, dass das gegen meine Ablehnung der Massentierhaltung und der Tötung von männlichen Küken in der Zucht von Legehennen spricht. Eine andere Stimme in mir sagt dann, dass ich Mayo will. Und in dem Versuch, das eine mit dem anderen zu vereinen, rechtfertige ich dann die ein oder andere Ausnahme damit, dass ich ja sonst oft widerstehe. Zumindest die Styroporschale und das Mayo-Alu-tütchen wollte ich mitnehmen und zu Hause in der gelben Tonne entsorgen. Immerhin etwas. Der Mann hinter der Theke wies mich freundlich darauf hin, dass der Mülleimer direkt hinter mir stand. Ich warf einen widerwilligen Blick auf den Restmülleimer, in dem sich fröhlich alle möglichen Sorten von Müll vermischten, verdammt zur Verbrennung und ohne Chance auf Recycling. Dann wägte ich ab. Hatte ich jetzt Lust, mich

---

* Das bezieht sich sowohl auf räumliche als auch auf zeitliche Entfernung. Denn wie in dem Bericht der UN mit dem Titel *Our Common Future* erstmalig festgehalten wurde, geht es bei einer nachhaltigen Entwicklung auch darum, zukünftigen Generationen ein gutes Leben zu ermöglichen, indem wir heute rücksichtsvoll mit unserer Welt umgehen. (siehe Quelle A im Quellenverzeichnis)

zu erklären? *„Nein danke, ich nehme meinen Papier- und Verpackungsmüll eigentlich immer mit nach Hause und entsorge ihn da, weil die Stadt es nicht hinbekommt, flächendeckend Mülleimer für Mülltrennung aufzustellen. Ob das etwas bringt? Das weiß ich leider nicht. Ob ich mir dabei etwas bescheuert vorkomme? Ja, manchmal schon. Eigentlich eher immer. Danke der Nachfrage."* Vielleicht hätte der Mann ganz anders und völlig verständnisvoll reagiert. Vielleicht auch irgendetwas dazwischen. Aber allein die Diskussion in meinem Kopf war mir schon wieder zu anstrengend. Was ich also tat? Ich nickte ihm freundlich zu, sagte: *„Ja danke"*, um ihm zu signalisieren, dass ich seine Worte verstanden hatte, ging mit Styroporschale und Alutütchen leicht beschämt am Mülleimer vorbei und raus aus dem Laden. Den Mann hinter der Theke ließ ich nebst verschmähtem Restmülleimer wahrscheinlich etwas verdutzt zurück.

Teures Vergnügen

Dann wäre da die Sache mit meinem Fairphone 2. Mittlerweile habe ich es seit fünf Jahren und es hat einige Macken, was vielleicht gar nicht so ungewöhnlich ist, sobald ein Smartphone mal ein paar Jahre auf dem Buckel hat. Vor allem, wenn es dabei auch noch unter einer so tollpatschigen Besitzerin wie mir leidet und gelegentlich spektakulär auf dem Boden landet. *Das* hält es wirklich gut aus. Ein paar von seinen Macken hat es aber schon von Anfang an. Z. B. hielt der Akku nie so wirklich lange, bis ich ihn durch einen neuen ersetzt habe. Also hatte ich es lange Zeit immer im Energiesparmodus oder immer eine Powerbank dabei, um unterwegs zu laden. Und der Näherungssensor machte eine Zeit lang nicht mit, sodass der Bildschirm schwarz blieb, nachdem ich telefoniert hatte. Das ist jetzt schon länger nicht mehr passiert. Manchmal geht es einfach aus und wieder an. Der Wecker klingelt manchmal nicht, obwohl er aktiviert und laut gestellt ist. Und manchmal ist es aus unerklärlichen Gründen einfach. Sehr. Langsam. Ich möchte hier gar nicht das Fairphone schlechtreden, denn das Projekt dahinter ist eine grandiose Sache, ich habe schon öfter problemlos defekte Teile ausgetauscht und der Support ist super – freundlich, kompetent und hilfreich. Alles in allem ist es ein funktionsfähiges Smartphone. Und ich habe es mir nicht wegen der tollen User Experience gekauft, sondern weil es mit das Fairste ist, was der Markt an Smartphones zu bieten hat, und genau das möchte ich unterstützen. Wie ein Freund von mir einmal anmerkte: Smartphones sind verdammt komplizierte Geräte – und wenn es keiner kauft, kann es auch nicht besser werden. An guten Tagen denke ich mir genau das. An schlechten Tagen sehe ich es eher so: Ich habe mir von viel Geld, das ich eigentlich nicht wirklich hatte, ein Handy gekauft, das ich für weniger Geld hätte haben können – oder ich hätte für das gleiche Geld sogar ein besseres gekriegt.*

Bahnhofsbekanntschaft

Aber dann gibt es auch Erfolgserlebnisse beim Weltverbessern. Ich habe mich lange Zeit schwer damit getan, wie ich mit Menschen umgehen soll, die mich auf der Straße um Geld bitten. Gebe ich Geld? Wenn ja, wie viel? Und gebe ich dann jedem etwas oder wovon mache ich die Entscheidung abhängig, wer etwas bekommt und wer nicht? Und wenn ich dann etwas gegeben habe: Habe ich damit etwas Gutes getan oder nur für Alkoholnachschub gesorgt? Lange Zeit habe ich nichts gegeben, weil ich mir dachte, es bringt ohnehin nichts. Und weil ich die Phrasen aus meiner Kindheit im Kopf hatte. Wenn ich damals irritiert war, warum da jemand auf der Straße saß, dem es offensichtlich nicht gut ging und ich nicht verstand, warum niemand ihm half, lautete die Antwort in etwa so: *„Wir gehen auch arbeiten für unser Geld."* Außerdem schämte ich mich, weil es mir so gut ging, während es anderen so schlecht ging, und mich die Person an diese Ungerechtigkeit erinnert hat. Was vielleicht einer der Hauptgründe ist, aus dem wir Menschen lieber wegsehen. Also habe ich mich jedes Mal unwohl und schlecht gefühlt, wenn jemand mich um Geld bat und ich mit *„Nein"* antwortete, bemüht freundlich und einfühlsam lächelnd, weil ich mir dachte, wenigstens Beachtung und Freundlichkeit kann man den Menschen ja entgegenbringen. Mein Denkfehler

---

* Ich möchte hiermit in keinem Fall vom Kauf eines Fairphones abraten, ganz im Gegenteil. Mittlerweile gibt es das Fairphone 3 und Fairphones werden besser und besser. Die Sache mit dem Fairphone soll nur als Beispiel dafür dienen, dass eine verantwortungsbewusste Entscheidung manchmal Abstriche an anderer Stelle bedeuten kann.

dabei war folgender: Ich hatte ein großes Problem vor Augen (soziale Ungerechtigkeit, Armut) und brachte es mit einem kleinen Lösungsansatz in Verbindung (Bedürftigen Geld spenden). Dabei spielt sich das eine auf einer ganz anderen Ebene ab als das andere. Geld zu spenden beseitigt zwar nicht soziale Ungerechtigkeit und Armut – es ist und bleibt eine Symptombekämpfung –, aber dafür bewirkt es in der Tat etwas: Es kann den Menschen direkt helfen. Sie können sich davon etwas zu essen kaufen oder einen Schlafplatz. Manche mögen es auch für Alkohol oder andere Drogen ausgeben, aber ich möchte mir die Entscheidung, nicht zu spenden, nicht einfach machen, indem ich alle Obdachlosen oder Bettler in eine Schublade stecke. Niemand, der auf der Straße lebt und seinen Alltag damit zubringt, andere um Geld zu bitten, tut das aus purer Faulheit und wenn man die Geschichte eines Menschen nicht kennt, sollte man vorsichtig sein mit den eigenen Vorurteilen. Bestätigt in dieser Überzeugung hat mich das Gespräch mit einer Frau am Bahnhof. Ich gab ihr etwas Geld, wir kamen ins Gespräch und ihre Geschichte hat mich bewegt und mir einmal mehr gezeigt, dass die Welt nicht immer so schwarz und weiß ist, wie wir das gerne hätten. Bis dahin hatte ich Leute bewundert, die den Mut hatten, mit Obdachlosen oder Bettlern zu sprechen. Ich hatte mir das nie zugetraut, aus Angst, etwas Unangebrachtes zu sagen, aus Scham wegen der Ungerechtigkeit und weil ich nicht wusste, wie ich wirklich helfen konnte. An dem Tag ist es dann einfach so passiert. Ich bin dieser Frau sehr dankbar für ihre Offenheit. Und hoffe, dass mein offenes Ohr ihr etwas zurückgegeben hat. Auch heute gebe ich nicht immer Geld. Manchmal sind mir die Leute zu unangenehm, aufdringlich oder aggressiv, auch, wenn ich weiß, dass sie da nicht alleine Schuld dran haben. Und manchmal ist mir der Gedanke an Ungerechtigkeit zu viel und ich blende es lieber aus, was mir dann nur so halb gelingt und mich trotzdem mit einem miesen Gefühl hinterlässt. Das ist Jammern auf sehr hohem Niveau, aber auch das ist okay (mehr dazu ab S. 133). Meistens gebe ich Geld, wenn mich jemand darum bittet. Danach fühle ich mich nicht immer gut, weil die Zweifel bleiben und ich weiß, dass ich damit nicht die Welt gerettet habe. Aber vielleicht einen Tag, für diese eine Person.

So viel zu ein paar Auszügen aus meinem Alltag. Das sind Beispiele für viele kleine und große alltägliche Geschichten aus dem Leben vieler verschiedener Menschen, die versuchen, die Welt auf ihre Art und mit ihren Mitteln besser zu machen. Ich bin keine Heldin. Ich habe mir früher über nichts von all dem Gedanken gemacht und bis ich so war, wie ich heute bin, war es ein langer Weg, der noch lange weitergehen wird, denn es gibt reichlich andere Dinge, die ich noch tun könnte. Es gibt Menschen, die weniger engagiert sind als ich, und genauso zahlreiche, die engagierter sind. Ich bin kein absolut selbstloser Mensch. Ich habe ein Ego und will Dinge tun, von denen ich weiß, dass es *bessere* Alternativen gäbe oder dass meine Überzeugungen eigentlich dagegen sprechen. Es ist nicht leicht, zu versuchen, *das Richtige* zu tun. Es ist anstrengend und es kann frustrierend sein und manchmal komme ich mir im Vergleich zu anderen ziemlich bescheuert vor, die sich nicht so viele Gedanken machen, und frage mich, ob es nicht viel leichter und sinnvoller wäre, mir auch nicht so viele Gedanken zu machen. Ich bin nicht immer glücklich mit den Entscheidungen, die ich treffe. Manchmal verbiete ich mir zu viel, manchmal gönne ich mir zu viel und das ständige Pendeln zwischen dem einen und dem anderen ist genauso notwendig wie anstrengend für mich. Es ist ein ständiger Versuch, ein gutes Leben zu führen, in dem es mir gut geht, möglichst ohne dass es anderen dafür schlechter geht. Ich zweifle viel und denke viel nach und grüble darüber, was ich tue und was ich tun oder lassen sollte. Ich habe einige Dinge erkannt, die mir wichtiger erscheinen, als ich alleine es bin, und ich bemühe mich, mich danach zu richten. Manchmal gelingt mir das, manchmal nicht und manchmal will ich gar nicht, dass es mir gelingt. Da will ich in erster Linie ich sein und vom Rest der Welt abschalten. Ich bemühe mich um eine Balance zwischen all diesen Dingen. Und mittlerweile weiß ich, dass das Höhen und Tiefen mit sich bringt, was mir mal mehr, mal weniger weiterhilft. Aber das war nicht immer so.

Es gab einen Zeitpunkt, da hatte ich mich bei dem Versuch, meinen Teil zur Rettung der Welt beizutragen, oder anders formuliert, ein guter Mensch zu sein, in eine Sackgasse manövriert. Die ständige Beschäftigung

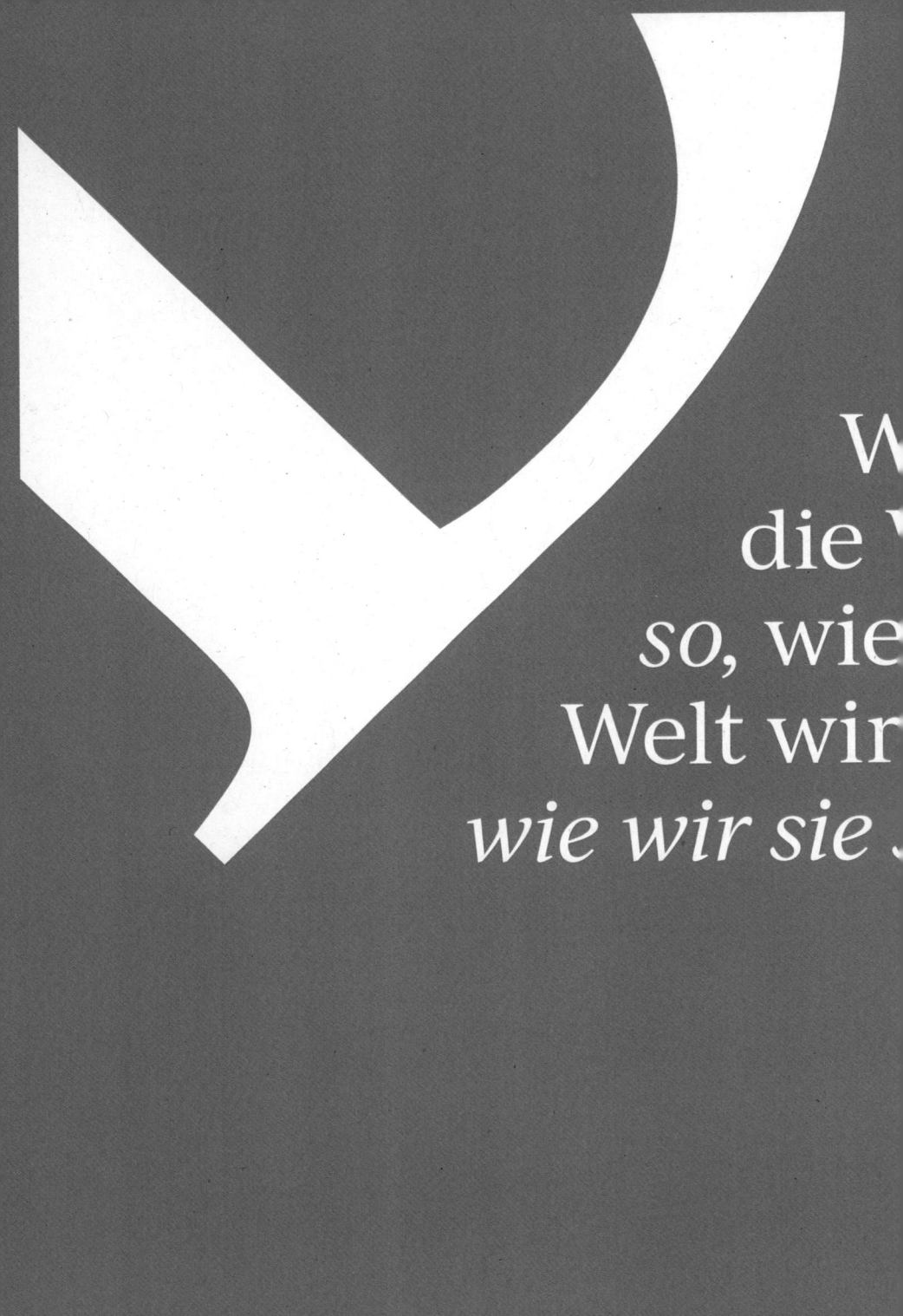

W
die
so, wie
Welt wir
wie wir sie

mit Problemen wie übermäßigem Konsum und seinen Auswirkungen. Das ständige Hinterfragen von dem, was mir früher als *normal* erschienen war, wie Tiere essen und unbedacht shoppen gehen. Die Suche nach einem tieferen Sinn hinter alltäglichen Handlungen und die schleichende Erkenntnis, dass es da keinen tieferen Sinn gab. Die Entscheidung zwischen richtig und falsch, Gut und Böse, die sich nie wirklich treffen lies – all das hatte mich nahezu ohnmächtig werden lassen, gefühlt an den Rand einer Depression getrieben und so richtig Spaß und Freude hatte ich schon lange bei nichts mehr verspürt. Ich hatte so sehr an meinem alten Weltbild gerüttelt, dass es in sich zusammengefallen war. Ich war ohnehin schon eine emotional sehr offene und selbstreflexive Person, fragte mich permanent, was ich da eigentlich genau machte und welche Rolle ich denn eigentlich spielte, und beschäftigte mich immer wieder mit dem Übel dieser Welt, auf der Suche nach gefühlt viel zu kleinen Lösungen für viel zu große Probleme. Da stand ich nun, haltlos und unsicher und wusste nicht mehr, was ich von der Welt halten sollte. Dabei war ich doch auf dem richtigen Weg, oder? Ich bemühte mich doch, das Richtige zu tun. Ich wollte nicht nur privat, sondern auch beruflich die Welt verbessern. Wieso also ging es mir dabei so schrecklich? Warum sah alles so wahnsinnig düster aus? Die Welt ging gefühlt den Bach runter. Es brachte ja doch alles nichts, was ich tat. Und wozu dann eigentlich die ganze Mühe? Irgendwo an dem Punkt, an dem mir alles egal zu sein schien, setzte der Trotz ein. Wenn alles egal und umsonst war, konnte ich auch genauso gut weitermachen. Es brachte weder mir etwas noch machte es die Welt besser, wenn ich mich so sehr von Problemen herunterziehen lies, dass ich mich nicht mehr in der Lage sah, etwas dagegen zu tun. Stattdessen konnte ich mich genauso gut darauf konzentrieren, weiterzumachen und das Beste aus dem rauszuholen, was ich tun konnte – nicht mehr, aber eben auch nicht weniger. Ich fühlte mich befreiter und die Last der Welt, die ich mir selbst auf die Schultern geladen hatte, fiel ein wenig von mir ab. Rückblickend denke ich, hatte ich ein paar entscheidende Fehler gemacht. Welch ein Glück, denn sonst hätte ich nicht die Erkenntnisse gehabt, aus denen unter anderem dieses Buch entstanden ist. Zum einen war ich dem Trugschluss erlegen, dass die Welt oder zumindest die

Menschheit auf die Apokalypse zusteuert und gerettet werden müsse. Dann hatte ich mich selbst aus der Gleichung so gut wie vollständig rausgekürzt. Kein Wunder, dass mir nichts mehr Spaß machte, wenn ich in nahezu all meinen Entscheidungen an letzter Stelle kam. Und ich war davon ausgegangen, dass es tatsächlich so etwas wie *Gut und Böse* oder *richtig und falsch* gäbe. So banal diese Erkenntnisse erscheinen mögen, so lange hat es dann doch gedauert, bis der Groschen anfing zu fallen. Jede Sachlage hat mindestens zwei und mit höchster Wahrscheinlichkeit noch viel mehr Seiten – besonders, wenn es sich um komplexe Themen wie Umwelt, Gesellschaft, Zukunft und globale Entwicklung handelt. Die Welt ist nicht nur schwarz und weiß. Sie ist alles, was dazwischenliegt und eigentlich immer Verschiedenes zur gleichen Zeit. Ich wollte dieses etwas absurde Gefühl der Hoffnung besser verstehen und ergründen – und es vor allem mit anderen teilen, in der Hoffnung, dass es auch ihnen weiterhilft. Also machte ich mich auf eine Suche nach Antworten auf die Frage, warum es so verdammt anstrengend und zermürbend sein kann, sich für eine bessere Welt einzusetzen. Und wie wir unsere Perspektive verändern können, um die Dinge wieder in einem optimistischeren Licht zu sehen. Hinter diesem Buch stehen drei Annahmen:

1.

*Der Versuch, die Welt zu verbessern, kann eine
frustrierende Angelegenheit sein.*

2.

*Mehr Gelassenheit bei dem Versuch, die Welt zu verbessern, kann uns
resistenter gegen Frustration und langfristig motivierter machen.*

3.

*Ein Weg zu mehr Gelassenheit führt über das Wissen darüber,
was uns das Weltverbessern so schwer macht.*

Also entmystifizieren wir das Weltverbessern. Finden wir heraus, warum es nicht immer so leicht ist, wie es manchmal angepriesen wird. Und warum es nicht so schwer sein muss, wie es uns manchmal vorkommt.

Im Kapitel *Halbwissen* gehen wir unserem Hang zur Negativität auf den Grund – und lassen uns eines Besseren belehren.

Im Kapitel *Überforderung* beschäftigen wir uns mit Problemen, die sich nicht so wirklich lösen lassen wollen – und lernen, dass uns das nicht davon abhalten sollte, weiter an Lösungen zu arbeiten.

Im Kapitel *Widersprüche* geht es darum, dass unsere Welt und der Versuch, sie zu verbessern, voller Widersprüche sind, die uns unser Leben und unser Engagement schwer machen – und warum das nicht so sein muss.

Dieses Buch gibt keine Antworten auf die Frage, wie wir die Welt retten. Vielmehr gibt es Anregungen dazu, warum wir weiter damit machen sollten und wie wir weiter damit machen können, sie zu verbessern, obwohl wir nicht alle Antworten haben.

Halbwissen

DIE WELT GEHT DEN BACH RA

ES WAR EINMAL
D ENDE

Warum es nicht so düster um die Welt bestellt ist, wie wir denken, warum
ein Blick in die Vergangenheit sich lohnt und warum unsere
Zukunft noch nicht entschieden ist

Ein Blick aufs Handy am Morgen genügt und schon dreht sich uns der Magen um vor lauter schlechten Nachrichten. Polarisierende Machthaber entzweien die Bevölkerung, anstatt sie zusammenzuhalten. Länderzusammenschlüsse, die über Jahrzehnte für Frieden und Wohlstand gesorgt haben, fallen auseinander. Immer noch wüten Kriege auf der Welt, und das schon so lange, dass der Schrecken längst zum Alltag geworden ist. Die Welt scheint regiert zu werden von Ungerechtigkeit und Armut und die Schere zwischen den Armen und Reichen, den Ohnmächtigen und Mächtigen, wird immer größer. Die Weltbevölkerung wächst immer weiter und droht, gesellschaftliche und natürliche Systeme zum Zusammenbruch zu bringen. Und während der Platz immer enger wird, steigt die Angst bei einigen, in der Vielzahl von Kulturen und Nationalitäten unterzugehen, und bietet Nährboden für Extremismus und Fremdenfeindlichkeit. Der Klimawandel ist eine der großen Bedrohungen unserer Zeit. Diese Aufzählung lässt sich scheinbar endlos fortführen. Es geht bergab mit der Menscheit. Wir sägen den Ast ab, auf dem wir sitzen – wenn wir den Karren nicht sogar schon vor die Wand gefahren haben. Und selbst wenn nicht: Es ändert sich ja doch nichts – oder erst dann, wenn es schon zu spät ist. Früher war alles besser. Und heute wird alles immer schlimmer. Die Welt geht den Bach runter.

Und jetzt das Ganze noch mal von vorne. Die gleiche Geschichte, nur aus einer anderen Perspektive. Der Blick aufs Handy am Morgen trügt. [1]Demokratie hat in den vergangenen 200 Jahren Erfolgsgeschichte geschrieben und mehr Menschen denn je leben heute in demokratischen Verhältnissen.[1] [2]Kriegsführung war während eines Großteils der Menschheitsgeschichte die Regel, nicht die Ausnahme. Heute ist das genau anders herum[2] und [3]Krieg zwischen Ländern ist mittlerweile ein veraltetes Konzept.[3][4]Zwischen 1996 und 2015 ist der Anteil der Weltbevölkerung, der in extremer Armut lebt, mindestens auf *die Hälfte*, wenn nicht sogar *auf ein Drittel* gesunken[4] – innerhalb von gerade einmal 19 Jahren, wohlgemerkt. [5]Einige von uns könnten noch erleben, wie sich dieser Anteil der 0 nähert.[5] [6]Es ist richtig, dass das Wachstum der Weltbevölkerung ansteigt. Laut den Vereinten Nationen wird es im Jahr 2100 voraussichtlich 11,2 Milliarden Menschen auf der Erde geben. Allerdings steigt das Wachstum nicht *einfach* immer weiter, sondern *langsamer* als in der Vergangenheit. Die Wachstumskurve flacht ab – und das ist keine Vorhersage, das tut sie schon heute.[6] Und was eine Eingrenzung des Klimawandels angeht: Da arbeiten wir alle dran. Gemeinsam. Schon seit Jahrzehnten und zunehmend mit Hochdruck. Und wir werden es nur schaffen, indem wir weiter daran arbeiten. Auch diese Aufzählung ließe sich scheinbar endlos fortführen. [7]Steven Pinker, Professor für Psychologie, bezeichnet die Erfolge, die wir dank Vernunft, Wissenschaft und Humanismus erreicht haben, als *„die größte Geschichte, die kaum erzählt wird"*[7]. [8]Hans Rosling, Mediziner, Professor und Berater für internationale Gesundheit, spricht vom *„geheimen stillen Wunder menschlichen Fortschritts"*[8]. Ich sage: Die Welt geht den Bach rauf. Das heißt, der Weg ist nicht leicht und es gibt immer wieder Rückschläge. Aber die Richtung stimmt und es geht, wenn auch gefühlt langsam, voran.

Die Nachrichten, Ereignisse und Entwicklungen, die unser Bild einer düsteren Welt prägen, sind oft Einzelfälle. Ich möchte damit die Probleme, die auf der Welt herrschen, nicht herunterspielen. Jeder Krieg, der am Laufen gehalten wird, jeder Mensch, der leidet, ist einer zu viel. Gleichzeitig ist es falsch, wenn wir von diesen Einzelfällen auf allgemeine Entwicklungen schließen, die oft ganz anders aussehen. Die Welt geht nicht den Bach runter und die Menschheit ist nicht dem Untergang geweiht. Es ist nicht alles perfekt, nicht mal so gut, wie es heute schon sein könnte, und es gibt viel zu tun. Aber ein Blick zurück zeigt, wie weit wir schon gekommen sind, wie viel wir schon verbessert haben. Es geht nicht darum, dass alles immer besser wird. Es geht darum, dass Verbesserung immer möglich ist. Setzen wir Probleme und Verbesserungen also noch einmal in Relation. Weder negativ noch positiv verzerrt, sondern nach bestem Wissen.

Zum einen reicht unser Blick in die Welt gar nicht so weit, dass wir uns ein anständiges Bild von ihr machen könnten. In erster Linie richtet er sich aus unserer Perspektive (also ganz konkret aus Deutschland) auf Europa, alles was nah dran liegt und die USA. Was in Russland, Asien und Südamerika passiert, kriegt man ganz am Rande noch mit und den Klimawandel haben mittlerweile auch viele auf dem Schirm. Aber wenn uns jemand fragt, wie denn gerade der Stand in Afrika ist, wird es schon schwieriger.

[9>]Während im Jahr 1800 nur eine Handvoll Länder demokratisch waren, in denen 1% der Weltbevölkerung lebte, herrschten 2018 in 67% aller Länder und für 67% aller Menschen auf der Welt demokratische Verhältnisse.[<9] Es mag nicht überall in dem Maß Demokratie drin sein, wo Demokratie draufsteht. Und wir müssen unsere Demokratie verteidigen, wenn wir sie einmal haben. Aber 67% der Menschheit müssen sich nicht mehr erst aus autokratischen Herrschaftsverhältnissen befreien. Eine Errungenschaft, die wir unseren Vorfahren zu verdanken haben.

Der Syrienkrieg begann 2011. Das war vor mittlerweile 9 Jahren (Stand 2020). Er herrscht jetzt schon so lange, dass er bei uns beinahe wieder in Vergessenheit geraten oder sogar irgendwie zur Normalität geworden ist. Weil selbst die Medien sich daran beinahe sattberichtet haben. Wahrscheinlich ist dieser Krieg nur ein Beispiel für viele kleine und große Kriege weltweit, von denen wir mal wussten und es vergessen haben oder von denen wir nie ein Wörtchen hören. Dabei kann und sollte es auch gar kein Anspruch sein, dass wir über alle Kriege auf der Welt im Bilde sind. Vielleicht genügt es schon, sich gelegentlich daran zu erinnern, dass da draußen deutlich mehr passiert als in unserer kleinen Blase. [10>]Was wir aber auch vergessen, ist, dass Kriege innerhalb eines Landes von 83% der Weltoberfläche verschwunden sind.[<10] [11>]Der Anteil an Menschen, die jährlich durch Kriege sterben, war 2016 nur noch ca. 24% so hoch wie 1984, ca. 15% so hoch wie 1972 und ca. 5% so hoch wie 1950.[<11] Die Vorstellung, dass heute in Europa Krieg herrschen könnte, erscheint mir absolut absurd – und das gerade einmal 75 Jahre, also nur etwas mehr als ein durchschnittliches Menschenleben,* nach dem Zweiten Weltkrieg. Jetzt kann ich nicht für jeden Europäer sprechen. Ich würde aber vermuten, dass die meisten in und um meine Generation diese Vorstellung teilen. Wenn das kein Fortschritt ist, weiß ich es auch nicht.

[12>]Heutzutage leben etwa eine Milliarde Menschen weltweit von weniger als 2$ am Tag. Auf diesem Einkommenslevel liegt die Wasserversorgung einen mehrstündigen Fußweg entfernt und ist von miserabler Qualität. Es gibt zu jeder Mahlzeit, jeden Tag den gleichen simplen Brei – oder nichts, wenn die Ernte schlecht ausfällt. Ein Dollar mehr oder weniger macht auf diesem Level einen entscheidenden Unterschied. Denn schon ein schlimmer Husten kann ein Todesurteil bedeuten, weil kein Geld für Medizin da ist.[<12] Und dann gibt es die Menschen auf unserem Einkommenslevel. [13>]Wir leben von über 32$ am Tag und ebenfalls ungefähr eine Millarde Menschen weltweit leben ähnlich wie wir. Wir haben 12 oder mehr Jahre Bildung und sind schon mal mit einem Flugzeug im Urlaub gewesen. Wir können auswärts essen und uns ein Auto leisten. Ein paar Dollar mehr oder weniger pro Tag machen für uns keinen großen Unterschied.[<13] Wenn wir uns das vor Augen führen, ja, dann ist die Welt ein ungerechter Ort. Auch ungerecht ist, dass wir dabei die Mehrheit der Menschen außer Acht lassen. [14>]Rund drei Milliarden Menschen weltweit leben von 2 bis 8$ am Tag und die übrigen rund zwei Milliarden von 8 bis 32$ am Tag. Das Leben dieser Menschen ist nicht so frei von Sorgen und Problemen, wie es sein könnte. Sie arbeiten in mehreren Jobs, 16 Stunden am Tag (oder mehr), sieben Tage die Woche. Die elektrische Versorgung schwankt und um Medizin zu kaufen, müssten sie den Großteil ihres Besitzes verkaufen. Aber sie können sich vielleicht ein Fahrrad oder sogar ein Motorrad leisten und wenn Strom da ist, können ihre Kinder auch

---

* Ein kleiner Fortschritt am Rande: Die durchschnittliche weltweite Lebenserwartung ist seit 1820 von 29 Jahren auf 71,7 Jahre im Jahr 2015 gestiegen. Das bedeutet nicht, dass die Menschen früher alle jung gestorben sind und heute alle älter werden. Es handelt sich um einen Durchschnittswert. Der lässt sich vielmehr darauf zurückführen, dass die Lebensqualität insgesamt gestiegen und z. B. die Kindersterblichkeit gesunken ist. (siehe Quelle B im Quellenverzeichnis)

dann Hausaufgaben machen, wenn es draußen dunkel ist. Wenn sie sich im oberen Bereich dieser Einkommenslevel bewegen, können sie sogar einen Kaltwasserhahn installieren und haben eine stabile Stromversorgung, wodurch sich auch die Hausaufgaben der Kinder verbessern. Sie können sich abwechslungsreicher ernähren, vielleicht gibt es sogar jeden Tag ein anderes Gericht. Und wenn alles gut geht, können ein paar der Kinder auf die weiterführende Schule und haben so eine Chance auf besser bezahlte Jobs.‹14 Die meisten Menschen auf der Welt leben nicht in extremer Armut. Und sie leben auch nicht so wie wir. Sondern dazwischen. Und nicht nur das: Der Trend geht weiter bergauf (siehe S. 23).

Eine im wahrsten Sinne des Wortes zunehmende Bedrohung ist die scheinbar unaufhörlich wachsende Zahl der Menschen auf unserem Planeten. Dabei sehen wir auch hier wieder nur einen Teil des Bildes. Die Weltbevölkerung wächst weiter, aber sie wächst immer *langsamer* (siehe S. 23). Und auch das passiert nicht einfach so, es ist eine wunderschöne Kettenreaktion. 15›Mehr Menschen entkommen der extremen Armut und erhalten Zugang zu Bildung, Verhütungsmitteln und sexueller Aufklärung. Wenn Menschen der extremen Armut entkommen, entscheiden sich viele, weniger Kinder zu kriegen, weil sie weniger Unterstützung bei der Arbeit brauchen und weniger Absicherung gegen Kindersterblichkeit. Frauen und Männer, die Zugang zu Bildung haben, wollen weniger Kinder, die dafür gesund sind und ebenfalls Zugang zu Bildung haben.‹15 Die Geburtenrate sinkt. Die Wachstumskurve der Weltbevölkerung flacht ab. Währenddessen geht es mit Wohlstand, Gesundheit und Bildung bergauf. Und all das, weil wir mit entsprechenden Maßnahmen dafür gesorgt haben.

Angesichts all der schlechten Nachrichten auf der Welt neigen wir manchmal zu dem Glauben, früher sei alles oder zumindest vieles besser gewesen. Das kann in Einzelfällen zutreffen und in manchen Bereichen sind wir als Menschheit auf dem Weg des Fortschritts vielleicht auch übers Ziel hinausgeschossen. Es manifestiert sich in unserem Wachstums- und Konsumwahn, der auf Kosten unserer Mitmenschen und unserer Umwelt geht. Aber menschheitsgeschichtlich betrachtet ist die Aussage, früher sei alles besser gewesen, schlicht falsch – es sei denn, wir

Vir sehen
Welt *nicht*
sie ist. Die
d so sein,
sehen.

betrachten keine der Entwicklungen auf den letzten Seiten als Verbesserung. Und die Aufzählung ließe sich fortführen. Einen Einblick in einige der bedeutendsten Verbesserungen haben wir gerade erhalten. Der Fokus dieses Buchs liegt aber nicht darauf, von diesen Erfolgen zu berichten. Das haben andere bereits auf überzeugende Weise getan* – und ein Blick in diese Werke lohnt sich, um noch mehr über die Fortschritte unserer Spezies zu erfahren.

> *„Probleme sind unvermeidlich und Lösungen erzeugen neue Probl, die ihrerseits gelöst werden müssen. Die ungelös Probleme, denen die Welt heute gegenübersteht, sind gigantisch, [...] aber wir müssen sie als Probleme sehen, die wir lösen kön und nicht als Apokalypsen, die nur auf uns warten."*
>
> *Steven Pinker* [16]

Gerne würde ich jetzt eine ähnliche Statistik auspacken, was Umweltprobleme angeht, allen voran den durch uns verstärkten Klimawandel. Das kann ich nicht, weil wir noch nicht so weit sind. Hier befinden wir uns noch an dem Punkt der Entwicklung, wo es spannend wird. Übernutzen wir unsere natürlichen Ressourcen weiterhin, auf Kosten unserer Mitmenschen und unserer Umwelt und letztlich auf unsere eigenen Kosten? Verschlimmern wir Probleme wie Ungerechtigkeit, Armut, Umweltzerstörung, Ressourcenknappheit und Krieg? Oder gelingt es uns, dem Ideal näher zu kommen, möglichst allen Menschen ein gutes Leben zu ermöglichen und dabei die Systeme unseres Planeten zu erhalten, die uns das Leben überhaupt ermöglichen? Viele einzelne Menschen, Orga-

---

* u. a. *Factfulness* von Hans und Ola Rosling und Anna Rosling Rönnlund, *Enlightenment now* von Steven Pinker und *Früher war alles schlechter* von Guido Mingels

nisationen, Institutionen bis hin zu ganzen Staaten und Staatengemein-
schaften arbeiten daran, die Kurve zu kriegen, das Ruder für zukünftige
Entwicklungen zu drehen. Und das nicht erst seit Kurzem, sondern schon
seit Jahrzehnten, auch wenn die Bedeutung der Sache jetzt noch einmal
deutlich und bei deutlich mehr Menschen angekommen zu sein scheint.
Wir sind dabei. Das ist gut so. Und wir müssen weitermachen.

DRAMATISC
WELTBILD

Was unsere Vorfahren mit der ganzen Sache zu tun haben,
warum unser Gehirn faul ist und wie wir aus
dem Problem die Lösung machen

Wenn wir uns in den düsteren Gedanken vom Anfang dieses Kapitels wiederfinden, erfreuen wir uns großer Gesellschaft. In den Jahren 2015 und 2017 beauftragte die Gapminder-Stiftung eine Umfrage. [17>]Die Stiftung wurde von Hans Rosling gemeinsam mit seinem Sohn Ola Rosling und seiner Schwiegertochter Anna Rosling Rönnlund gegründet und hat es sich zur Aufgabe gemacht, verheerende Unwissenheit mit einer faktenbasierten Weltsicht zu bekämpfen, die jeder verstehen kann.[<17] In dieser Umfrage ging es darum, ob sich die Welt insgesamt zum Besseren oder zum Schlechteren hin entwickelt oder weder noch. Die Antwort? [18>]Zwischen 55% und 86% der Befragten waren der Ansicht, die Welt verschlechtere sich.*[<18] Dieser Einschätzung ging die Gapminder-Stiftung mit dem sogenannten Gapminder-Test tiefer auf den Grund. Der Test umfasst 13 Fragen, die sich mit den Themen Bildung, Einkommen, Armut, Lebenserwartung, Bevölkerungsentwicklung und -verteilung, Naturkathastrophen, medizinische Versorgung, gefährdete Tierarten, Klima und Versorgung mit Elektrizität befassen. [19>]Die Fragen sind bewusst unkompliziert gestellt, enthalten keine Tricks und die verwendeten Fakten sind gut belegt.[<19] Eine der Fragen lautet z. B.: *„Hat sich der Anteil der Menschen, der in extremer Armut lebt, in den letzten 20 Jahren fast verdoppelt, ist er mehr oder weniger gleich geblieben oder hat er sich fast halbiert?"* Diese Frage können wir nach den Fakten vom Anfang des

---

* Bei der Statistik handelt es sich um eine Mischung aus zwei Befragungen von zwei unterschiedlichen Instituten aus den Jahren 2015 und 2017. Insgesamt flossen die Antworten von über 28.000 Menschen aus den folgenden 30 Ländern in die Auswertung ein: Argentinien, Australien, Belgien, Brasilien, Dänemark, Deutschland, Finnland, Frankreich, Großbritannien, Hong Kong, Italien, Japan, Kanada, Malaysia, Mexiko, Norwegen, Peru, Polen, Russland, Saudi-Arabien, Schweden, Singapur, Spanien, Südafrika, Südkorea, Thailand, Türkei, Ungarn, USA, Vereinigte Arabische Emirate.

Kapitels sogar schon richtig beantworten: Er hat sich fast halbiert. Eine andere Frage lautet: „*Wie viele Mädchen beenden heutzutage die Grundschule in Ländern mit niedrigem Einkommen?*" Die Antwortmöglichkeiten: 20%, 40% oder 60%. Die Antwort? [20>]Es sind 60%.[<20] Wieder eine andere Frage lautet: „*Sind der Tiger, der Große Panda und das Schwarze Nashorn heute bedrohter als im Jahr 1996?*" Wir können es uns denken. Die Antwort lautet: Nein. [21>]Die Arten sind zwar immer noch genauso bedroht, aber nicht bedrohter als im Jahr 1996.[<21] [22>]Die Ergebnisse eines Gapminder Tests aus dem Jahr 2017 wiesen in die gleiche Richtung wie die Umfrage zum Zustand unserer Welt: Ein Großteil der Befragten beantwortete die meisten Fragen falsch und übermäßig negativ.* Und nicht nur das. Die Antworten waren *systematisch* falsch. Das bedeutet falscher, als sie es gewesen wären, hätten die Befragten ihre Antworten dem Zufall überlassen.[<22] Die Umfragen der Gapminder Stiftung geben Grund zu der Annahme, dass dieses [23>]*überdramatische Weltbild*[<23], wie Hans Rosling es nennt, ein weit verbreitetes Phänomen ist. Unser Weltbild ist verzerrt, und zwar ins Negative. Wir sehen die Dinge schlechter, als sie eigentlich sind.

Nun könnte man meinen, die richtigen Fakten würden uns eines Besseren belehren. Aber unsere überdramatische Weltsicht scheint unabhängig von unserem Bildungsstand und von unserem Interesse am Thema zu sein. [24>]Hans Rosling stellte einige seiner Fragen bereits auf dem World Economic Forum im Januar 2015, bei dem einflussreiche Politiker, Geschäftsführer, Unternehmer, Forscher, Aktivisten, Journalisten und UN-Beamte zu Gast waren. Diese Menschen hatten Zugang zu den neusten Daten und Berater an ihrer Seite, die sie ständig auf dem Laufenden halten konnten. Sie waren auf dem Forum zusammengekommen, um sich über die Entwicklungen auf der Welt auszutauschen. Und sie beantworteten zwei der drei gestellten Fragen über den Zustand der Welt falsch.[<24] Es scheint so, als würden wir dem Fortschritt nicht so ganz

---

* Bei dieser Umfrage wurden ca. 12.000 Menschen aus den folgenden 14 Ländern befragt: Australien, Belgien, Deutschland, Finnland, Frankreich, Großbritannien, Japan, Kanada, Norwegen, Schweden, Spanien, Südkorea, Ungarn, USA.

trauen. [25>]Steven Pinker nennt dieses Phänomen *progressophobia*[<25] – die Angst vor Fortschritt. Das Problem ist also nicht nur, dass wir uns nicht darüber im Klaren sind, wie es tatsächlich um die Welt bestellt ist. Es würde scheinbar kaum einen Unterschied machen, wenn wir es wären. Wie also kommt unser überdramatisches Weltbild zustande? Menschen sind Meister der Widersprüche: Wir können das eine wissen und doch vom Gegenteil überzeugt sein oder das Gegenteil tun. Wir neigen dazu, uns das Denken einfach zu machen. Und so kommt es, dass wir verallgemeinern und annehmen, die Dinge würden sich nicht verändern. Denn es ist viel leichter, an dem Glauben festzuhalten, alles würde so weitergehen wie bisher – selbst, wenn wir mit diesem *bisher* unzufrieden sind. Aber da wissen wir zumindest, woran wir sind. Die Alternative besteht in der Möglichkeit, dass sich alles in ständigem Wandel befindet. Dafür müssten wir aber eine Unsicherheit und Ungewissheit gegenüber der Zukunft zulassen, die uns vielleicht überfordert und uns Angst macht. Hier herrscht ein interessanter (scheinbarer) Widerspruch: Auf der einen Seite bekommen wir mit, wie sich die Welt um uns herum immer weiter und immer schneller verändert – auf der anderen Seite halten wir uns an gelernten Vorurteilen fest, vielleicht genau aus dem Bedürfnis heraus, unsere immer komplexer werdende Welt noch irgendwie verstehen zu können. So wird in unseren Köpfen die Schere zwischen Arm und Reich immer größer, die Welt ungerechter, die Menschen sind egoistisch und (selbst-) zerstörerisch, die Umwelt geht den Bach runter und alles in allem sieht es überall ziemlich düster aus. Die Gründe für unseren Pessimismus sind tiefer in uns verwurzelt als unser Wissen: Sie liegen in unserer Evolution und prägen bis heute unser Denken.

FEHLGELEI|

[26>]Das menschliche Gehirn ist evolutionär darauf ausgelegt, Bedrohungen als wichtiger einzustufen als Chancen. Für unsere Vorfahren stieg so die Wahrscheinlichkeit, zu überleben und sich fortzupflanzen[<26] – der Grund, aus dem unsere Aufmerksamkeit heute immer noch viel mehr

von schlechten Ereignissen, Nachrichten und Überzeugungen angezogen wird als von positiven. Es ist quasi eine Vorsichtsmaßnahme unserer
Wahrnehmung: Auf positive Dinge zu achten ist im Ernstfall nicht so
überlebenswichtig wie die Wahrnehmung einer potentiellen Gefahr. Für
unsere Vorfahren war es zwar wichtig zu wissen, wo ein Beerenstrauch
wuchs – aber den hungrigen Fleischfresser im Gebüsch zu erahnen, war
wichtiger. Nun sind uns diese Instinkte erhalten geblieben, während sich
unsere Lebenswelt verändert hat. Was positive Veränderungen angeht,
leben wir im Schlaraffenland. Unsere Beerensträucher sind Supermärkte,
Bildungseinrichtungen, Freizeitmöglichkeiten und vieles, vieles mehr.
Und die hungrigen Fleischfresser sind so ziemlich von der Bildfläche
verschwunden. Welch Ironie, denn genau dort begegnen sie uns noch: in
Form von schlechten Nachrichten aus der ganzen Welt auf unseren Fern-
sehern, Tablets, Smartphones, Laptops oder als Gruselgeschichten übers
Radio. Und so zieht diese scheinbar einfache, evolutionäre Erklärung für
unseren Hang zur Negativität in unserer veränderten und sich immer
weiter verändernden Welt eine ganze Reihe an Nebenwirkungen nach
sich. [27>]Wir können uns mehr Arten vorstellen, auf die ein Tag deutlich
schlimmer verlaufen könnte als deutlich besser. Wir halten uns mit Rück-
schlägen mehr auf, als dass wir Glück genießen. Negative Kritiken nehmen wir ernster als positive.[<27] [28>]Wir glauben viel eher denen, die Angst
und schreckliche Prophezeiungen verbreiten, während wir diejenigen, die
angemessen reagieren, als selbstgefällig und naiv abtun.[<28] Und wir glauben eher, die Welt ginge den Bach runter, als dass wir an Fortschritt glauben – selbst, wenn wir ihn sehen. [29>]Man nennt es *Negativitäts-Verzerrung*
oder auch *Negativitäts-Dominanz:* ein psychologisches Phänomen, dem-
zufolge negative Eindrücke in unserer Wahrnehmung eine prominentere
Rolle spielen als positive.[<29]

Paradoxerweise steht der Negativitäts-Verzerrung das Phänomen der
Optimismus-Verzerrung gegenüber. [30>]Sie besagt, dass wir die Welt positiver, uns selbst begünstigter und unsere eigenen Ziele realisierbarer sehen,
als tatsächlich angemessen ist. Außerdem neigen wir demnach dazu, unsere eigene Fähigkeit zur Einschätzung der Zukunft überzubewerten. Die

Optimismus-Verzerrung scheint immer dann eine Rolle zu spielen, wenn Menschen oder Institutionen ein großes Risiko eingehen, indem sie für Mut und Zuversicht sorgt.[30, 31] Eine weitere Erkenntnis der Psychologie besagt, dass wir dazu neigen, unser *eigenes Leben* übermäßig optimistisch, das *Schicksal der Gesellschaft* dagegen übermäßig pessimistisch einzuschätzen.[31] Die Optimismus-Verzerrung scheint wie eine Art Selbstschutz oder Bewältigungsstrategie zu funktionieren. In uns steckt also sowohl ein Hang zur Negativität als auch die Fähigkeit zum Optimismus, die uns helfen kann, Risiken einzugehen und so Herausforderungen zu meistern. Das gibt doch Grund zur Hoffnung. Jetzt müssen wir also nur noch einen Mittelweg finden.

KOPFGESTEU

Ein weiterer Grund, weshalb es uns so schwerfällt, unseren negativen Instinkten zu widerstehen, liegt in der Art und Weise, wie unser Denken funktioniert. Der Psychologe Daniel Kahneman hat sich ausgiebig damit beschäftigt, wie wir denken, Entscheidungen treffen und zu Erkenntnissen gelangen und wie aus diesem Denken, Entscheiden und Erkennen unser Handeln wird. In seinem Buch *Schnelles Denken, langsames Denken* unterscheidet er zwischen zwei Systemen, die unser Denken steuern.

Auf der einen Seite haben wir System 1. [32]„*System 1 arbeitet automatisch und schnell, weitgehend mühelos und ohne willentliche Steuerung*“.[32] Nennen wir es *das intuitive System*. [33] Es ist zuständig für angeborene Fähigkeiten, wie die Wahrnehmung unserer Umwelt oder das Steuern unserer Aufmerksamkeit, und für Aktivitäten, die durch lange Übung zur Routine geworden sind,[33] wie z. B. das Tippen auf der Tastatur oder das Spielen eines Instruments. [34] Es arbeitet assoziativ und kann soziale Situationen interpretieren. Es ist zuständig für die Art von Wissen, die im Gedächtnis gespeichert ist und die ohne Vorsatz oder Anstrengung abgerufen wird. Wir können z. B. nicht verhindern, dass wir einen Satz in der eigenen Muttersprache verstehen oder dass wir aufmerksam werden, wenn ein ungewohntes Geräusch ertönt.[34, 35] Das intuitive System lässt sich nicht abstellen[<35] – was sowohl von Vor- als auch von Nachteil sein kann, wie wir noch sehen werden.

Auf der anderen Seite haben wir System 2. Nennen wir es *das bewusste System*.[36>] Es ist für anstrengende mentale Aktivitäten zuständig, also für all das, was nicht spontan geschieht und für das wir mehr oder weniger Aufmerksamkeit brauchen. Wird die Aufmerksamkeit abgelenkt, kann darunter das Denk-Ergebnis leiden. Deshalb ist es auch schwer bis unmöglich, sich auf mehrere Dinge gleichzeitig zu konzentrieren. Z. B. sollten wir nicht gleichzeitig versuchen, im Straßenverkehr links abzubiegen und dabei das Produkt aus 17 x 24 zu berechnen. Das bewusste System kann das intuitive System in einem gewissen Maß beeinflussen, indem es seinem intuitiven Vorgehen eine Richtung vorgibt: z. B., wenn wir in einer Menschenmenge das Gesicht eines Bekannten suchen. Dabei kann das intuitive System für bestimmte Reize blind werden, wenn wir das bewusste System stark anstrengen. Wenn es gerade nicht gebraucht wird, befindet sich das bewusste System in einem Zustand geringer Anstrengung, in dem nur ein Teil seiner Kapazität genutzt wird.[<36] [37>]Wir identifizieren uns gerne mit diesem System, *„dem bewussten, logisch denkenden Selbst, das Überzeugungen hat, Entscheidungen trifft und sein Denken und Handeln bewusst kontrolliert"*. Dabei ist es unser intuitives System, in dem die Eindrücke und Gefühle entstehen, aufgrund derer unser bewusstes System überhaupt erst in der Lage ist, zu Überzeugungen zu gelangen und Entscheidungen zu treffen.[<37] Unser Denken ist auf unser intuitives System angewiesen und abhängig von ihm – und ist somit auch seinen Fehlern in gewisser Weise ausgeliefert.

[38>]Eigentlich arbeiten diese beiden Systeme problemlos und sehr effizient miteinander. Das intuitive System erzeugt Vorschläge für das bewusste System: Eindrücke, Intuitionen, Absichten und Gefühle. Das bewusste System erstellt daraus Überzeugungen und willentlich gesteuerte Handlungen. Es wird auch dann aktiviert, wenn z. B. etwas Unvorhergesehenes passiert, auf das das intuitive System keine Antwort weiß.[<38] Aber von dieser Regel der guten Zusammenarbeit gibt es Ausnahmen und unser intuitives System ist unter bestimmten Umständen ziemlich anfällig für Fehler.[39>] Es ist leichtgläubig und neigt dazu, Aussagen für wahr zu halten.[<39]

[40>]Außerdem kann es nur wenig mit bloßen Fakten anfangen. Dafür versteht es sich umso besser darauf, Verknüpfungen zwischen Ereignissen herzustellen, selbst, wenn diese Verknüpfungen zweifelhaft sind.[<40]
[41>]Unser bewusstes System ist im Gegensatz dazu zwar für Zweifel und Ungewissheit zuständig und hätte die Möglichkeit, diese Schwächen auszugleichen. Allerdings ist es manchmal beschäftigt und oft faul. Daraus ergibt sich folgendes Dilemma: Ist unser bewusstes System beschäftigt, also konzentriert auf eine oder mehrere Sachen gleichzeitig, oder durch zu viel Konzentration erschöpft, sorgt unser intuitives System dafür, dass wir fast alles glauben.[<41] [42>]Oder wie Kahneman es formuliert: *„Wir können gegenüber dem Offensichtlichen blind sein, und wir sind darüber hinaus blind für unsere Blindheit."*[<42] [43>]So kommt es, dass unser intuitives System manchmal zu leichte Antworten auf eigentlich komplexere Fragen gibt.[<43]
Anders formuliert: Es macht uns das Denken durch Verallgemeinerung und Reduktion leicht. Es macht es uns auch leicht, falsche Schlüsse zu ziehen. Nur, weil wir denken, mit der Welt ginge es bergab, muss das also noch lange nicht stimmen. Unser Denken umzukrempeln, klingt erstmal nach Anstrengung. Wir müssten unser intuitives System überlisten, das uns eine negative Weltsicht präsentiert und unser bewusstes System aktivieren, um dieses Bild zu hinterfragen. Wir müssten die Widersprüchlichkeit und Komplexität unserer Welt annehmen und akzeptieren, dass es Dinge gibt, die sowohl gute als auch schlechte Seiten haben, je nachdem, aus welcher Perspektive man sie betrachtet. Unsere Welt ist nicht einfach, sie ist einfach kompliziert. Und vielleicht wäre es uns sogar irgendwie lieber, ihren Zustand weiterhin in einem schlechten Licht zu sehen, denn das wäre der gedanklich einfachere, weil gewohntere, wenn auch unschönere Weg. Dabei kann so eine gedankliche Umstellung auch Erleichterung mit sich bringen: Sie kann unsere übertriebene Sorge über die Probleme in der Welt verringern und uns Energie geben, um Probleme zu lösen. Nehmen wir also Kahnemans Erkenntnisse über die Fehlbarkeit unseres Denkens als Anregung dazu, etwas kritischer zu sein mit den eigenen Schlussfolgerungen und Überzeugungen, dem eigenen Denken und Glauben. Und etwas offener zu sein für die Möglichkeit, dass unsere Welt und unsere Mitmenschen vielleicht doch nicht so verloren sind,

wie unser Kopf uns manchmal weismachen will. Es ist eine Welt, in der nicht alles schlecht und auch nicht alles gut ist, sondern beides. In der es neben der Möglichkeit der Verschlechterung auch immer die Möglichkeit der Verbesserung gibt. Das bedeutet vielleicht mehr gedankliche Anstrengung, dafür aber auch eine deutlich schönere Aussicht.

INSTINKTGETRIE

[44>]Nachdem auch das aktuellste Faktenwissen selbst hochgebildeten Menschen nicht half, Fragen über den Zustand der Welt richtig zu beantworten, kam auch Hans Rosling zu der Erkenntnis, dass die Haupt-Ursache für unsere negativ verzerrte Weltsicht in der Funktionsweise unseres Gehirns liegen muss.[<44] Auf Basis seiner jahrelangen Erfahrung und Forschung als Mediziner, Professor und Berater für internationale Gesundheit identifizierte er 10 *dramatische Instinkte,* die es uns so schwer machen, unsere Welt so zu sehen, wie sie ist. Diese Instinkte beschreibt er in seinem Buch *Factfulness – Wie wir lernen, die Welt so zu sehen, wie sie wirklich ist* und formuliert zu jedem Instinkt eine Reihe an Tipps zu einem besseren Umgang damit. Seine Erkenntnisse helfen uns also nicht nur, besser zu verstehen, wieso wir die Welt zu negativ sehen, sondern sie helfen uns auch, damit aufzuhören.

[45>]Der *Instinkt der Kluft* besagt, dass wir dazu neigen, Dinge in zwei deutlich getrennte Gruppen zu unterteilen, wie *gut* und *schlecht, Held* und *Bösewicht, die* und *wir.*[<45] Er ist ein Grund dafür, dass es uns so leichtfällt zu glauben, da wäre eine große leere Lücke zwischen Arm und Reich, und dafür, dass wir Geschichten so gern haben, in denen *das Gute* über *das Böse* siegt. Er ist auch ein Grund dafür, dass wir oft glauben, eine Entscheidung müsse *richtig* oder *falsch* sein, dabei lässt sich das meistens gar nicht so pauschal sagen. [46>]Um den Instinkt der Kluft zu kontrollieren, hilft es, wenn wir nicht nur einzelne Durchschnittswerte miteinander vergleichen, sondern uns die Verteilung ansehen und nach der Mehrheit Ausschau halten. Während wir dazu neigen, Extreme zu vergleichen, wie

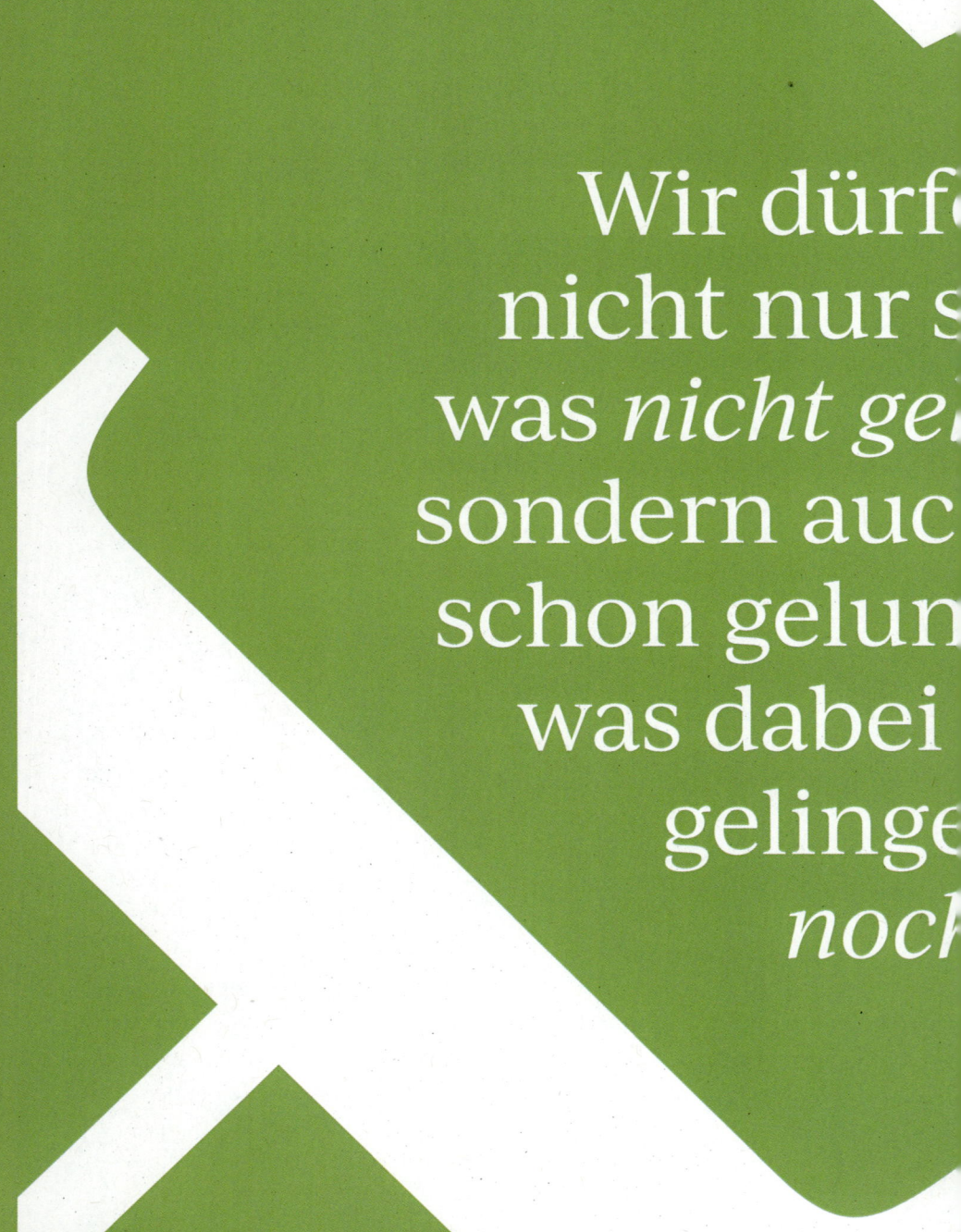

Wir dürf[en]
nicht nur s[ehen,]
was *nicht ge[lingt,]*
sondern auc[h,]
schon gelun[gen,]
was dabei
gelinge[n]
noc[h]

z. B. *sehr arm* und *sehr reich,* liegt in Wirklichkeit die Mehrheit meistens in der Mitte. Verstärkend kommt hinzu, dass aus unserer Perspektive – vom wohlhabenderen Bereich der Skala – alle anderen arm aussehen und wir Unterschiede übersehen, die sehr wohl da sind.<46

Den zweiten Instinkt kennen wir bereits: Es ist der *Instinkt der Negativität.* 47>Er beschreibt unseren Hang dazu, das Schlechte eher zu bemerken als das Gute.<47 48>Um diesem Instinkt zu widerstehen, hilft es, zwischen dem *Zustand* und der *Richtung* von Veränderung zu unterscheiden: Dinge können *schlecht sein* und gleichzeitig *besser werden.*<48 Z. B. gibt es immer noch *viele* Menschen, die in Armut leben, gleichzeitig leben aber *immer weniger* Menschen in Armut (siehe S. 23 und S. 25). 49>Rosling empfiehlt außerdem, mit schlechten Nachrichten zu rechnen, um den Instinkt der Negativität zu kontrollieren. Der Grund dafür, dass selten über gute Dinge berichtet wird, ist nicht der, dass es sie nicht gäbe, sondern einfach, dass darüber keine Nachrichten gemacht werden. Und mehr schlechte Nachrichten müssen kein Zeichen für mehr schlechte Ereignisse sein, sondern lediglich dafür, dass mehr berichtet wird. Zu guter Letzt rät Rosling, uns vor einem verklärten Blick auf eine rosige Vergangenheit zu hüten: Menschen verherrlichen ihre frühen Erfahrungen und Nationen verherrlichen ihre Geschichte.<49 So steht die Gegenwart im Vergleich oft schlechter da, als sie es in Wirklichkeit ist.

50>Der *Instinkt der geraden Linie* besagt, dass wir zu der Annahme neigen, eine geradlinige Entwicklung würde *einfach* weiter ihrem Verlauf folgen – z. B. die Entwicklung der Weltbevölkerung.<50 51>Wenn wir den Verlauf einer Kurve nicht aus eigener Erfahrung einschätzen können, wie z. B. die Wachstumskurve eines Kindes, kann unser Vertrauen in eigene Zukunftsprognosen uns in die Irre führen.<51 52>In Wirklichkeit gibt es geradlinige Entwicklungen eher selten und dafür andere Formen der Entwicklung wie S-Kurven, Hügel oder ansteigende Kurven.<52 Wie wir mittlerweile wissen, wird auch die Weltbevölkerung nicht einfach immer weiter anwachsen, auch wenn uns das die Entwicklung der Vergangenheit glauben macht. Stattdessen flacht die Wachstumskurve ab (siehe S. 23).

Statt also angesichts einer immer weiter wachsenden Weltbevölkerung in Panik zu verfallen, sollten wir an Antworten auf die Frage arbeiten, wie wir für voraussichtlich 11,2 Milliarden Menschen ein gutes Leben ermöglichen und dabei unsere natürlichen Lebensgrundlagen erhalten können.

[53>]Der *Instinkt der Angst* sorgt dafür, dass wir uns vor Dingen fürchten, die gar keine tatsächliche Bedrohung für uns darstellen.[<53] [54>]Um den Instinkt zu kontrollieren, hilft es uns, stattdessen das tatsächliche Risiko abzuschätzen. Die Welt erscheint uns erschreckender, als sie ist, weil uns sowohl unsere eigene Wahrnehmung als auch die Medien das Erschreckende zeigen. Dabei ergibt sich ein tatsächliches Risiko nicht daraus, wie sehr uns etwas Angst macht, sondern daraus, wie gefährlich es ist und wie sehr wir dieser Sache ausgesetzt sind. Verängstigt sehen wir die Welt anders. Bevor wir also aus einem Zustand der Angst heraus voreilige Entscheidungen treffen, sollten wir möglichst abwarten, bis die Panik nachgelassen hat.[<54] Dieser Instinkt trägt dazu bei, dass wir uns z. B. vor dem Einfluss fremder Kulturen fürchten, wodurch Probleme wie Fremdenfeindlichkeit erst entstehen. Dabei übersehen wir, dass dieser Einfluss vielleicht gar keine tatsächliche Bedrohung darstellt, sondern im Gegenteil sogar Chancen auf ein besseres Miteinander mit sich bringt.

[55>]Dem *Instinkt der Dimension* haben wir es zu verdanken, dass wir Dingen eine falsche Bedeutung zusprechen, also z. B. eine einzelne Zahl oder einen Einzelfall überbewerten.[<55] [56>]Um diesen Instinkt zu kontrollieren, hilft es, die Dinge in Relation zu sehen. Zahlen sollten wir nicht alleine betrachten (z. B. die absolute Anzahl der Tode unter Neugeborenen), sondern im Vergleich zu anderen Zahlen (z. B. die Anzahl der Tode unter Neugeborenen im Verlauf der Zeit). Das gilt besonders, wenn man unterschiedlich große Gruppen miteinander vergleicht. Die Zahlen, die den größten Anteil an etwas ausmachen, sind dabei wahrscheinlich von größerer Bedeutung als die übrigen Prozent.[<56] So sollten wir z. B. auch unseren Fokus auf die Reichsten und Ärmsten der Welt hinterfragen, wo sich doch die meisten Menschen dazwischen befinden.

Der *Instinkt der Verallgemeinerung* hat, wie alle Instinkte, seine Vor- und Nachteile. [57>]Verallgemeinerung gibt unseren Gedanken Struktur und das Denken in Kategorien ist für uns notwendig, um überhaupt zu funktionieren.[<57 58>]Was wir jedoch vermeiden sollten, ist, *falsch* zu verallgemeinern, also Menschen in Schubladen zu stecken, in die sie nicht gehören.[<58] So haben wir vielleicht ein bestimmtes, wenn auch unscharfes Bild vor Augen, wenn wir an US-Amerikaner, Afrikaner oder Asiaten denken – und vergessen dabei die ungeheuren Dimensionen der Länder und Kontinente und übersehen die Unterschiede in der Bevölkerung. [59>]Um den Instinkt der Verallgemeinerung zu kontrollieren, hilft es uns, besonders große Gruppen nicht als *gleich* anzusehen und sie nach Möglichkeit in kleinere, zutreffendere Gruppen zu unterteilen; uns Unterschiede bewusst zu machen und die eigenen Kategorien zu hinterfragen; nicht von einer Gruppe auf eine andere zu schließen; uns immer zu fragen, was *die Mehrheit* genau bedeutet – 51%, 99% oder etwas dazwischen? Und es hilft, angesichts von Dingen, die uns auf den ersten Blick seltsam vorkommen, wie z. B. kulturellen Gebräuchen, bescheiden und neugierig zu bleiben und uns zu fragen, welch schlaue Lösung hinter dem vermeintlich Seltsamen steckt.[<59]

[60>]Der *Instinkt des Schicksals* beschreibt den Trugschluss, dass alles so bleibt wie es ist. Auch dieser Instinkt könnte evolutionär von Bedeutung gewesen sein: Als unsere Vorfahren noch in einer Umgebung lebten, die sich kaum veränderte, hat es wahrscheinlich Sinn ergeben, einmal zu lernen, wie die Dinge funktionieren, und dann anzunehmen, so würde es für immer bleiben.[<60 61>]Um den Instinkt des Schicksals besser zu kontrollieren, hilft es uns zu erkennen, dass viele Dinge nur unveränderlich erscheinen, weil die Veränderung langsam vor sich geht. Und dass auch scheinbar kleine und langsame Veränderungen über längere Zeit zu großen Veränderungen werden können. Wenn wir beobachten, wie sich Technologien, Länder, Gesellschaften, Kulturen und Religionen verändern, können wir diese Veränderungen bewusst wahrnehmen – indem wir z. B. betrachten, wie sehr sich die Werte unserer Großeltern von unseren eigenen unterscheiden.[<61]

[62>]Der *Instinkt der einzigen Perspektive* besagt, dass wir einfache Ursachen und Lösungen bevorzugen, die uns schnell das Gefühl vermitteln, wir hätten die Welt verstanden.[<62] Nur leider verstehen wir die Welt auf diese Art nur ziemlich begrenzt. [63>]Anstatt einer einzigen, beschränkten Perspektive ermöglicht uns ein Blick aus mehreren Winkeln ein besseres Verständnis eines Problems und möglicher Lösungen. Hierzu hilft es uns, die eigenen Ideen auf die Probe zu stellen – und auch von anderen auf die Probe stellen zu lassen. Uns die Grenzen der eigenen Expertise und der von anderen bewusst zu machen. Uns nicht immer auf den Lösungsweg zu konzentrieren, den wir am besten beherrschen, sondern offen zu sein für Ideen aus anderen Bereichen. Uns bewusst zu machen, dass Zahlen uns helfen können, die Welt zu verstehen – dass wir die Welt aber nicht nur durch Zahlen verstehen können, sondern anhand dessen, was diese Zahlen uns sagen. Rosling rät dazu, uns eben nicht mit den einfachsten Ursachen und Lösungen zu begnügen. Und stattdessen Komplexität anzunehmen, Ideen zu kombinieren, Kompromisse zu schließen und Probleme von Fall zu Fall zu lösen.[<63]

[64>]Der *Instinkt der Schuldzuweisung* besagt, dass wir dazu neigen, klare und einfache Gründe für schlimme Ereignisse zu finden – und sie auf ein Individuum mit bösartigen Absichten zurückzuführen. Unsere oberflächliche Suche nach einem Schuldigen hält uns allerdings davon ab, nach der komplexeren Wahrheit zu suchen. Sie kann dazu führen, dass wir nie auf die tatsächliche Lösung eines Problems kommen und auch zukünftig Probleme entstehen, die man hätte vermeiden können. Die meisten bedeutenden Probleme in der Welt haben nicht mit schuldigen Individuen, sondern mit den Systemen dahinter zu tun.[<64] [65>]Um den Instinkt der Schuldzuweisung besser zu beherrschen, hilft es uns, zu akzeptieren, dass schlimme Dinge passieren können, ohne dass jemand es beabsichtigt hat. Anstatt nach einem Sündenbock zu suchen, sollten wir unsere Energie lieber darauf verwenden, die zahlreichen ineinandergreifenden Gründe zu verstehen, die hinter einem Problem stehen. Das gilt auch für gute Ereignisse: Wenn jemand behauptet, er hätte etwas Herausragendes erreicht, liegt es vielleicht nicht nur an der Person alleine. Vielleicht wäre es auch ohne ihr Zutun passiert, dank des Systems im Hintergrund.[<65]

[66>]Der *Instinkt der Dringlichkeit* sorgt dafür, dass wir sofort und unüberlegt handeln (wollen), wenn wir eine mögliche Gefahr wittern. Unsere Vorfahren waren wohl eher nicht diejenigen, die im Angesicht einer potentiellen Gefahr erstmal sorgfältig ihre Möglichkeiten abwägten. Stattdessen reagierten sie instinktiv und schnell – ohne groß darüber nachzudenken. Auch heute kann der Instinkt der Dringlichkeit von Nutzen sein und sogar Leben retten, wenn wir z. B. einem Auto ausweichen müssen. Er sorgt allerdings auch dafür, dass wir gestresster sind. Er verhindert analytisches Denken und er fördert vorschnelle und undurchdachte Handlungen. Verkäufer und Aktivisten machen sich diesen Instinkt gern zu Nutze. Die Chance zu handeln stellen sie als jetzt oder nie dar und zukünftige Bedrohungen als unmittelbare. Scheinbar keine schlechte Idee, die in der Praxis aber am Ziel vorbeischießt. Im schlimmsten Fall führt so eine Überdramatisierung zu unnötigem Stress, schlechten Entscheidungen und einem Vertrauensverlust in die Sache. Und es kann uns sogar unempfindlich für tatsächliche Dringlichkeit machen.[<66] [67>]Wenn unser Instinkt der Dringlichkeit einsetzt, können wir nicht mehr klar denken. In solchen Situationen ist es ratsam, Ruhe zu bewahren und gegebenenfalls nach mehr Zeit und mehr Informationen zu fragen. Es ist selten eine Frage von *jetzt oder nie* oder *entweder oder*. Um den Instinkt der Dringlichkeit besser zu kontrollieren, hilft es, uns bewusst zu machen, dass jede Vorhersage über die Zukunft unsicher ist und dass es eine ganze Bandbreite von möglichen Szenarien gibt – nicht nur das Best- oder Worst-Case-Szenario. Bevor wir drastische Entscheidungen treffen, sollten wir nach möglichen Nebenwirkungen und Erfahrungswerten fragen. Praktische Verbesserungen, die Schritt für Schritt gemacht und deren Auswirkungen bewertet werden, sind in der Regel effektiver.[<67]

Es scheint so, als würden uns unsere Instinkte heute in Bezug auf unsere Wahrnehmung mehr schaden als nützen. In einer Welt, in der wir ständig von schlechten Nachrichten umgeben sind, helfen sie uns nicht länger, die Gefahren um uns herum richtig einzuschätzen. Sie führen im Gegenteil dazu, dass wir uns vor Dingen fürchten, die vielleicht gar keine direkte Bedrohung darstellen. Gleichzeitig verschließen wir die Augen,

nicht nur vor tatsächlichen Problemen, sondern sogar vor den Fortschrit-
ten, die wir erreichen. Dabei haben all unsere Instinkte ihre Berechtigung.
Sie waren ursprünglich einmal dazu da, uns zu beschützen, und haben es
uns ermöglicht, die Welt um uns herum irgendwie zu verstehen. Die Instinkte an sich sind weniger das Problem – und es ist nicht so, als könnten
wir sie einfach abstellen. Die Frage ist also, wie wir besser damit umgehen
können. Roslings Tipps zum Umgang mit den Instinkten ersparen es uns,
alle Fakten über die Welt auswendig zu lernen – was wir immer wieder
von Neuem tun müssten, denn wie wir bereits gelernt haben, bleibt
nichts so, wie es ist. Mit ihrer Hilfe können wir unsere Instinkte kontrollieren und die Welt eher so sehen, wie sie ist.

SCHLECHTE
NACHRIC

*Warum zu viel Schlechtes nicht gut ist, wir ziemlich
unfähig sind, die Zukunft voherzusagen, und worin eigentlich
der Mehrwert von Nachrichten liegt*

Nachrichten haben ohne Frage ihre Vorteile: Sie bieten Zugang zum Weltgeschehen, sie informieren, sie warnen uns, sie klären auf. Zu viel des Schlechten ist allerdings auch nicht gut. Eigentlich klingt das logisch. Warum ändern wir also nichts daran? [68>]Beschäftigen wir uns intensiv mit schlechten Nachrichten, und das regelmäßig, kann das Folgen haben wie übermäßige Sorgen, realitätsferne oder sogar wahnhafte Ansichten, falsche Einschätzung von Gefahren und Angst. Es kann auf unsere Stimmung schlagen, dafür sorgen, dass wir uns hilflos fühlen[<68] und durch die niemals enden wollende Flut an schlechten Nachrichten in unserer Hilflosigkeit bestätigt werden. [69>]Es kann dazu führen, dass wir Verachtung und Feindlichkeit gegenüber anderen entwickeln. Oder wir werden unempfindlich für schlechte Nachrichten, stumpfen ab oder vermeiden Nachrichten komplett.[<69] Zu viele schlechte Nachrichten können nicht einfach nur dafür sorgen, dass wir etwas pessimistischer werden. Sie prägen und verzerren tatsächlich unser Weltbild, unser Menschenbild und unsere Vorstellung von der Wirklichkeit – ins Negative. Im schlimmsten Fall kann das nicht nur zu depressiven Verstimmungen führen, sondern auch dazu, dass wir gar nicht mehr versuchen, Dinge besser zu machen oder uns für eine gute Sache einzusetzen – denn wozu all die Mühe, wenn wir gefühlt doch nichts damit ausrichten?

Schlechte Nachrichten sind neben unserer evolutionären Prägung ein weiterer und naheliegender Grund für unsere überdramatische Sicht auf die Welt. Dabei sind sie nicht nur Ursache, sondern gleichzeitig auch ein Symptom unseres Hangs zur Negativität, und es entsteht ein Teufelskreislauf: Unsere Aufmerksamkeit wird von Natur aus von negativen Ereignissen angezogen, woraufhin Nachrichtensender vorwiegend über negative Ereignisse berichten (zum einen, da sie selbst von Menschen geführt werden, die ebenso auf Negativität anspringen wie wir alle, und zum anderen, weil sie die Instinkte ihrer Zuschauer ansprechen wollen), woraufhin wir als Zuschauer uns in unserer Überzeugung bestätigt sehen, die Welt sei ein schlechter Ort voller schlechter Menschen, die schlechte Dinge tun. Diese Entwicklung spiegelt sich nicht nur inhaltlich in unserer Berichterstattung wider. [70>]2011 wurde eine Untersuchung über den Ton in Nachrichten veröffentlicht. Es wurden Artikel aus der New York Times von 1945 bis 2010 und Artikel und Sendungen aus 130 Ländern zwischen 1979 und 2010 analysiert. Das Ergebnis: Nicht nur der *Inhalt* der Berichte war vorwiegend negativ. Die Untersuchung zeigte, dass im Verlauf der Jahre die Berichterstattung *an sich* negativer geworden ist, also die Art und Weise, *wie* über ein Ereignis berichtet wird.[<70] Das Paradoxe bei der ganzen Sache: [71>]Die Verbesserung der Berichterstattung durch Pressefreiheit und technologischen Fortschritt ist eigentlich ein schönes Beispiel dafür, dass sich die Dinge in unserer Welt verbessern. Aber die Auswirkungen dieser Verbesserung – mehr schlechte Nachrichten – sorgen dafür, dass wir genau das Gegenteil glauben.[<71]

> *„Es ist eine der Herausforderungen unserer Zeit, wie wir mit einem wachsen   Portfolio an Verantwortu   umgehen, ohne uns zu Tode zu sorgen."*
>
> Steven Pinker [72]

DÜSTERE GEDAN

Um überhaupt etwas am Einfluss schlechter Nachrichten auf unseren Gemütszustand und unser Weltbild ändern zu können, hilft es uns, zunächst einmal zu verstehen, wie schlechte Nachrichten mit unserer Wahrnehmung zusammenspielen.

Da wäre zum einen die sogenannte *Verfügbarkeitsheuristik.* [73>]Sie besagt, dass wir die Bedeutung von Problemen danach beurteilen, wie leicht wir uns an sie erinnern können[<73] – und nicht danach, wie bedrohlich sie tatsächlich sind. Grundsätzlich kann die Verfügbarkeitsheuristik ein nützliches gedankliches Werkzeug sein. Wenn wir oder unsere Freunde z. B. in einer bestimmten Gegend öfter mit gewalttätigen Auseinandersetzungen zu tun haben, nehmen wir wahrscheinlich zu Recht an, dass es gefährlich ist, sich in dieser Gegend herumzutreiben. Wir verhalten uns entsprechend, indem wir uns in Zukunft besser schützen und der Gefahr möglichst aus dem Weg gehen. Wenn wir aber in den Nachrichten immer wieder Berichte von Einbrüchen oder gewalttätigen Übergriffen hören, macht sich in uns das Gefühl breit, Einbrüche und Gewalt nähmen zu – dabei kann es genauso gut sein, dass nur häufiger darüber berichtet wird. Oder dass Einbrüche und Gewalt vielleicht zunehmen, aber an einem ganz anderen Ort auf der Welt oder nur unter bestimmten Umständen – und nicht einfach so, immer weiter, überall. Unser Gehirn kann an diesem Punkt nicht unterscheiden zwischen einem gefährlichen Ereignis und dem Bericht über ein gefährliches Ereignis. Die Information über die Bedrohung wird abgespeichert. Je mehr wir davon hören, desto leichter fällt es uns, die Information wieder abzurufen. Und desto bedrohter fühlen wir uns. [74>]Im Extremfall können solche Fehlschlüsse zu sogenannten *Verfügbarkeitskaskaden* führen. Das sind Ereignisketten, die sich selbst in Gang halten – z. B. Medienberichte über ein relativ unbedeutendes Ereignis, die zu öffentlicher Panik und massiven staatlichen Maßnahmen führen.[<74] *Relativ* ist hier wörtlich zu verstehen und heißt nicht etwa, das Ereignis sei egal oder unwichtig, sondern dass keine akute Bedrohung für die Menschen besteht, die von dem Ereignis über Nachrichten erfahren und gar nicht unmittelbar betroffen sind. [75>]Ein Paradebeispiel für solche Verfügbarkeitskaskaden sind Terroranschläge. Ein Bild von Verletzung und Tod wird durch die Medien und häufige Gespräche verstärkt und somit für uns gedanklich besonders leicht verfügbar. Der Effekt wird verstärkt, wenn wir die Ereignisse mit einer bestimmten Stiuation verbinden. Kursieren z. B. Berichte über Bomben in Bussen, kann es sein, dass wir uns in Bussen automatisch bedrohter fühlen. Selbst wenn die tatsächliche Wahrscheinlichkeit, Opfer eines Anschlags zu werden, gering ist, verbreitet sich Unbehagen und es entsteht ein Impuls zu schützenden Handlungen.[75] * [76>]Dazu kommt, dass ein Ereignis einprägsamer ist, wenn es besonders aktuell, lebhaft, blutig, unverwechselbar oder erschütternd ist[76] Von hier aus fällt es leicht, sich vorzustellen, wie schlechte Nachrichten unsere Sicht von der Welt prägen. [77>]Wir erinnern uns leicht an Themen, die häufig in den Nachrichten erwähnt werden, während andere Themen, die selten oder gar nicht vorkommen, aus unserem Bewusstsein verschwinden oder überhaupt nie dort landen[77] – wie z. B. all die positiven Entwicklungen, all die Dinge, die tagtäglich funktionieren und einfach gut laufen. Damit sei nicht gesagt, dass alle schlechten Nachrichten falsch sind. Falsch ist, dass sich unser Weltbild nach dieser überwiegend negativen Berichterstattung richtet.

Ein weiterer Punkt, bei dem uns unsere Wahrnehmung in die Irre führt, sind schlechte Nachrichten, die sich auf unsere Zukunft beziehen. Was Zukunftsszenarien angeht, sind wir nicht in der Lage, Wahrscheinlichkeiten richtig einzuschätzen. [78>]Seltene Ereignisse überschätzen wir oft, wenn auch nicht immer. Wenn wir ein seltenes Ereignis nicht überbewerten, vernachlässigen wir es. Das ist zurückzuführen auf den sogenannten *Bestätigungsfehler*: Wenn wir über ein Ereignis nachdenken, versuchen wir dieses Ereignis als wahr anzunehmen.[78] Anders formuliert: Alles, was wir uns vorstellen können, halten wir leichter für wahrscheinlich. [79>]Ein weiteres Phänomen, der sogenannte *Möglichkeitseffekt*, besagt, dass wir unwahrscheinliche Ereignisse überbewerten, während wir fast sichere Ereignisse unterbewerten.[79] [80>]Generell können wir reale Gefahren nicht richtig einschätzen, wenn sie mit höchst unwahrschein-

---

* Auf Einkommenslevel 4 (>32$/Tag, siehe S. 25) ist es tatsächlich sehr unwahrscheinlich, bei einem Terroranschlag ums Leben zu kommen. Während die Zahl der Todesopfer durch Terroranschläge auf niedrigeren Einkommensleveln gestiegen ist, ist sie auf Level 4 sogar gesunken – wobei sie ohnehin schon vergleichsweise niedrig war. Zwischen 2007 und 2016 machten die Todesopfer durch Terroranschläge auf unserem Einkommenslevel nur 0,9% aus. Keine schöne Statistik. Aber sie verdeutlicht, dass uns manchmal Dinge Angst machen, die für uns gar keine Bedrohung darstellen. (siehe Quelle C im Quellenverzeichnis)

en

sehen,

lingt,

h, was

gen ist,

ist zu

en und was

gelingen kann.

lichen Ereignissen und komplexen Systemen zu tun haben.[<80] Das Fazit: Unsere Fähigkeiten als Propheten lassen zu wünschen übrig. Wenn wir dann unseren Instinkten erliegen, gibt es im Grunde zwei Möglichkeiten: Entweder, wir überreagieren oder wir reagieren zu wenig bzw. gar nicht. Wenn wir überreagieren, nehmen wir eine mögliche Bedrohung als zu direkt oder ernst wahr und handeln vorschnell, unüberlegt oder denken zu kurzfristig. Erinnern wir uns an Hans Roslings Instinkt der Dringlichkeit. Im schlimmsten Fall können solche vorschnellen Entscheidungen noch schlimmere Konsequenzen nach sich ziehen. Das nukleare Wettrüsten während des Kalten Kriegs ist ein unschönes Beispiel dafür, wie so eine Eskalation aussehen kann. [81>]Es wurde verursacht durch die Angst vor einer mythischen *Raketen-Lücke* (engl. Original: *missile gap)* zwischen den Vereinigten Staaten von Amerika und der Sowjetunion. Durch den Versuch, einer scheinbaren Bedrohung mit drastischen Mitteln entgegenzuwirken, kann eine sehr reale Bedrohung entstehen.[<81] * Wenn wir dagegen zu wenig oder gar nicht reagieren, liegt das entweder daran, dass wir uns hilflos fühlen (Ohnmacht), daran, dass wir jegliches Handeln ohnehin für sinnlos erachten und die Hoffnung bereits aufgegeben haben (Resignation), oder daran, dass wir gar nicht erst die Notwendigkeit sehen, etwas zu unternehmen (Ignoranz). [82>]Apokalyptisches Denken kann zu dem Glauben führen, die Zukunft sähe so düster aus, dass wir an diesem Schicksal ohnehin nichts mehr ändern können und dass sich der Versuch, die Welt zu verbessern, überhaupt nicht mehr lohnt.[<82] Dabei vergessen wir manchmal, dass noch nichts entschieden ist und dass wir nicht einmal wissen können, wann irgendetwas entschieden sein wird. Der Journalist Guido Mingels bringt diesen Trugschluss in seinem Buch *Früher war alles schlechter* sehr schön auf den Punkt: [83>]*„Es liegt ein fataler Denkfehler im drohenden Halbsatz des ‚Wenn wir so weitermachen', dem Mantra der Apokalyptiker. Wer so denkt, projiziert einen isolierten Ausschnitt*

---

* Der Kalte Krieg war eine hochkomplexe Situation und Aspekte dieses Kriegs sollen hiermit nicht auf eine bloße Überreaktionen reduziert werden. Das nukleare Wettrüsten dient jedoch durchaus als Beispiel dafür, dass reale Bedrohungen manchmal erst entstehen, weil auf nicht akute Bedrohungen mit drastischen Mitteln reagiert wird, und dass sie vermieden werden können, indem man solche Mittel mit Vorsicht behandelt.

der Gegenwart in die Zukunft, ohne zu bedenken, dass in der Zukunft das gesamte Bild ein anderes sein wird. Die Menschheit hat eben noch nie einfach so weitergemacht wie bisher. Sonst wäre sie längst untergegangen." [83]

Jedem Menschen steht nur ein begrenztes Maß an Ressourcen, Gedankenkraft und Angst zur Verfügung. Wir sollten also nach Möglichkeit weder versuchen, andere mit apokalyptischen Zukunftsszenarien zum Handeln zu bewegen, und uns auch selbst hüten, solchen Prophezeiungen zu erliegen. Es ist wichtig, Probleme und Herausforderungen wie den Klimawandel, knapper werdende natürliche Ressourcen, die Ernährung einer wachsenden Weltbevölkerung ernst zu nehmen und angemessen zu handeln. Aber eben genau das – nicht mehr und nicht weniger. Angemessen zu handeln kann bedeuten, zwischen Worst-Case-Szenarien und möglicher Zukunft zu unterscheiden. Es kann bedeuten, hier und heute auf eine bessere Zukunft hin zu handeln, ohne sich vor Sorge verrückt machen zu lassen. Auch hier helfen uns Roslings Tipps zum Umgang mit unserem Instinkt der Dringlichkeit: Praktische Verbesserungen, die Schritt für Schritt gemacht werden und deren Auswirkungen bewertet werden, sind in der Regel effektiver als drastische Eingriffe (siehe S. 43). Angemessen zu handeln kann auch bedeuten, [84] nicht nur hypothetische Katastrophen, sondern genauso hypothetische Fortschritte zu bedenken, die dazu führen könnten, solche Katastrophen zu überstehen. [84][85] Wir sind wahrscheinlich eher offen dafür, ein Problem anzuerkennen und es anzugehen, wenn wir es für lösbar halten, als wenn wir uns vor lauter Angst ohnmächtig und hilflos fühlen. [85] Vielleicht würde es uns guttun, wenn wir uns von der Vorstellung lösen, erst müsse etwas Schlimmes passieren, bevor sich etwas ändert. Die Vorstellung einer drohenden Apokalypse kann dazu führen, dass wir gar nichts mehr tun – sei es aus Ohnmacht, Resignation, Ignoranz oder allem auf einmal. So wird die Apokalypse schlimmstenfalls zur selbsterfüllenden Prophezeiung. Stattdessen sollten wir selbst unsere Möglichkeiten erkennen und anderen ihre Möglichkeiten aufzeigen. Wir sollten weniger dafür sorgen, dass wir handeln, weil wir denken, wir *müssen*. Und mehr dafür sorgen, dass wir handeln *wollen*, weil wir begreifen, welche Veränderungen und

Verbesserungen möglich sind. Die Frage ist nicht nur, welche Zukunft uns erwartet, sondern auch, wie wir sie mitgestalten wollen. Manchmal ist es vielleicht genau das Richtige, wenn wir innehalten und uns die Ungerechtigkeiten und schlimmen Ereignisse in der Welt zu Herzen nehmen. Und danach ist es vielleicht genauso richtig, wenn wir Abstand davon nehmen – und uns überlegen, was wir besser machen können.

BEWU   INFORMIERT

Der radikalste Weg, den negativen Einfluss von Nachrichten zu umgehen, wäre also, schlechte Nachrichten komplett oder zumindest so weit wie möglich zu vermeiden. [86>]Da es aber unmöglich ist, nur negative Aspekte und Emotionen auszublenden, kann es passieren, dass wir Themen vollständig ausblenden und das Positive gleich mit übersehen.[<86] Außerdem wäre unserer Welt nur wenig geholfen, wenn wir alle Probleme einfach ignorieren. Wenn wir das Gute also nur mit dem Schlechten haben können, ist die Lösung ein Balanceakt: ein ausgewogener, abwechslungsreicher Konsum von positiven und negativen Nachrichten, unterschiedlichen Themen, Formaten und Anbietern – und gerne mit einem gesunden Abstand, um die Inhalte auch kritisch und möglichst sachlich betrachten zu können. Das kann bedeuten, bewusst nach positiven Veränderungen zu suchen. Mittlerweile gibt es einige Anbieter von Nachrichten, die ihren Fokus auf *Good News* legen. Ein ausgewogenerer Nachrichtenkonsum kann auch bedeuten, über die Berichterstattung in den Medien hinauszudenken. Ich fühle mich selbst immer wieder schlecht, weil ich (vermeintlich) keine Nachrichten schaue, lese oder höre. Ich versuche es immer mal wieder, aber immer wieder endet es bei mir in dem Gefühl, den Lauf der Welt, politische oder wirtschaftliche Abläufe und Entscheidungen ohnehin weder nachvollziehen noch beeinflussen zu können, und dann fühle ich mich nicht wirklich informiert, sondern nur noch ohnmächtiger und planloser als vorher. Wenn ich keine Nachrichten lese, komme ich mir dann allerdings auch irgendwie uninformiert und ignorant vor. Dabei gibt es nicht nur diese eine Art, sich über den Lauf der Dinge zu informieren

und die Welt ein Stückchen besser zu verstehen. Anstatt sich über Berichterstattung eher passiv informieren zu lassen, kann man Neuigkeiten auch
aktiver auswählen. Das beginnt beim Zusammenstellen eines eigenen
Newsfeeds von mehreren Anbietern und mit bestimmten Schwerpunkten entsprechend des eigenen Fach- und/oder Interessensgebiets. Es geht
über Websites oder Newsletter von Organisationen und Bewegungen,
über Dokumentationen und Podcasts. Und bis hin zu Veranstaltungen wie
Messen und Konferenzen und dem Austausch mit anderen. Auch Bücher
und Beiträge in Fachmagzinen oder Forschungsarbeiten sind Wege, sich
zu informieren. Was diesen langsameren Medien im Vergleich zur Berichterstattung an Tagesaktualität fehlt, machen sie durch ihre ganzheitlichere
Perspektive wett – und umgekehrt. So eine Änderung der Art und Weise,
wie wir uns informieren (lassen), muss gar nicht radikal sein. Es macht
schon einen Unterschied, ob wir nur einen Blick auf die Schlagzeilen werfen oder ergänzend dazu auch mal einen Blick auf die offiziellen Seiten
von Regierungen, Ministerien und Nichtregierungsorganisationen. Es hat
alles seine Vor- und Nachteile. Und genau die sollten wir uns bewusster
machen. Nachrichten sind mehr als nur das, was jeden Tag passiert. Und
sie sind auch mehr als das, was in Zeitungen und Nachrichtensendungen
landet. Es sind genauso Entwicklungen, die sich über längere Zeiträume
erstrecken. Und vielleicht würde es nicht nur uns selbst besser gehen,
sondern auch dafür sorgen, dass wir bessere Entscheidungen treffen und
besser handeln, wenn wir zwischendurch einen Schritt zurücktreten und
über das Gestern, Heute und Morgen hinausdenken. Es geht nicht darum,
jede unerwünschte Meinung und jede schlechte Nachricht auszublenden
und nur noch das zu hören, was man hören will. Wenn wir vor den Problemen der Welt die Augen verschließen, werden wir keine Lösungen finden.
Aber das werden wir auch nicht, wenn wir uns so sehr auf Probleme konzentrieren, dass wir den Glauben an ihre Lösbarkeit verlieren.

Bei einigen von uns gehen jetzt die Alarmglocken los. Laufen wir nicht
Gefahr, die Welt übertrieben optimistisch, ja naiv, zu betrachten, wenn
wir uns jetzt viel mehr auf gute Nachrichten konzentrieren? Ist das dann
überhaupt noch objektiv? Und läuft es nicht dann auf das gleiche Problem hinaus, nämlich auf unsere Untätigkeit, wenn wir denken, es sähe ja

alles gar nicht so schlimm aus und wir könnten jetzt die Füße hochlegen und unser gutes Leben in vollen Zügen genießen? Dank unserer bisherigen Erkenntnisse über unsere Negativitäts-Verzerrung können wir uns die Frage selbst beantworten. Die Chancen, dass wir nichts tun, weil wir glauben, alles wäre super, sind ziemlich gering. Dagegen sind die Chancen ziemlich hoch, dass wir nichts tun, weil wir glauben, wir könnten ohnehin nichts bewirken oder es wäre ohnehin schon zu spät. Oder weil uns diese riesengroßen komplexen Probleme so eine Angst einjagen, dass wir sie lieber kleinreden und verdrängen, weil sich das besser anfühlt. So etwas wie eine objektive oder richtige Sicht auf die Welt gibt es nicht. Unser Eindruck wird immer geprägt sein von unserer eigenen Perspektive und der, die wir in unserem Freundes-, Bekannten- und Interessenskreis und in den Nachrichten vertreten sehen. Anstatt sich also wegen der möglichen Folgen eines optimistisch verzerrten Weltbildes zu sorgen, sollten wir uns lieber erstmal um die sehr realen Folgen unseres bereits negativ verzerrten Weltbildes kümmern.

> *„Ich sage Ihnen nicht, dass Sie sich*
> *nicht sor sollen. Ich sage Ihnen, dass*
> *Sie sich über die richti Dinge sorgen sollen.*
> *Seien Sie weniger gestresst von den imaginären*
> *Problemen einer überdramatischen Weltsic und*
> *aufmerks gegenüber echten Problemen*
> *und wie sie gelöst werden können."*
>
> *Hans Rosling* [87]

Die Frage ist also: Warum schauen wir Nachrichten? Es ist nicht nur unmöglich, sondern auch wenig zielführend, uns aus Prinzip über alle Entwicklungen auf der Welt tagesaktuell auf dem Laufenden zu halten. Wenn wir uns den Einfluss von Nachrichten auf unser Weltbild bewusst machen, bekommt der Konsum von Nachrichten ein anderes Ziel als bloße Information. Inwiefern ist eine Nachricht für mich und andere sinnvoll? Hält sie mich über politische oder kulturelle Entwicklungen auf dem Laufenden? Sorgt sie dafür, dass ich meine Entscheidungen und Überzeugungen überdenke? Hilft sie Betroffenen, weil sie mich z. B. zum Spenden motiviert? Oder macht sie mich nur schlecht gelaunt, weil sie mir ein Problem vor Augen führt, gegen das ich scheinbar ohnehin nichts ausrichten kann? Negative Nachrichten können negative Auswirkungen auf uns haben und darauf, wie wir miteinander und unserer Umwelt umgehen: Wenn Nachrichten uns das Gefühl vermitteln, die Welt sei voller Probleme, gegen die wir nichts ausrichten können, und voller Menschen, die diese Probleme aus Bösartigkeit, Eigennutz und Kurzsichtigkeit verursachen, sind wir wahrscheinlich eher feindselig gestimmt und fühlen uns hilflos, deprimiert oder resignieren. Das Ergebnis: Wir sind wahrscheinlich nicht sehr motiviert, etwas zur Verbesserung dieses Zustands beizutragen. Ein ausgewogenerer Nachrichtenkonsum kann also genau das Gegenteil bewirken: Wenn Nachrichten uns das Gefühl vermitteln, die Welt sei zwar voller Probleme, aber ebenso voller Lösungen, zu denen wir selbst beitragen können, und außerdem voller Menschen, die schon fleißig an Verbesserungen arbeiten, sind wir wahrscheinlich freundlich, offen und neugierig gestimmt und fühlen uns handlungsfähig, motiviert und bestätigt darin, einen Beitrag zu leisten. Mit anderen Worten: Indem wir unseren Nachrichtenkonsum bewusster und ausgewogener gestalten, gestalten wir auch unser Weltbild ein Stück weit mit und fördern gleichzeitig unsere Motivation, unsere Welt zu verbessern. Es ist eine selbsterfüllende Prophezeiung: Die Welt wird nicht besser, wenn wir den Glauben an Verbesserung verlieren, sondern wenn wir weiter an Verbesserung glauben und daran arbeiten; wenn wir Nachrichten mit mehr Abstand betrachten und bewerten, inwiefern sie relevant und nützlich sind; wenn wir nicht nur schlechte, sondern auch gute Entwicklungen wahrnehmen; wenn wir nicht nur betrachten, was im Moment passiert, sondern auch, was in der Vergangenheit passiert ist und was in der Zukunft noch passieren könnte. Dann nutzen wir das konstruktive Potential von Nachrichten.

VERBORG
VERÄNDERUNG

*Warum früher alles anders war, heute vieles besser wird
und woran es liegt, dass wir das nicht sehen*

Jetzt wissen wir also, dass wir die Welt zu negativ sehen, warum das
so ist, welche Konsequenzen es haben kann und warum es also keine
schlechte Idee ist, unserer überdramatischen Weltsicht etwas entgegen-
zuhalten. Aber was ist mit den guten Nachrichten? Wie kommt es, dass
wir positive Veränderung so sehr übersehen? Unsere Vorliebe für das
Schlechte in der Welt ist ein entscheidender Faktor. Aber um positive
Veränderung auch dann wahrzunehmen, wenn sie uns nicht gleich ins
Gesicht springt, müssen wir mehr tun, als unseren Instinkt der Negativität zu zügeln: Wir müssen den Maßstab überdenken, an dem wir Veränderung messen, und die Perspektive, aus der wir sie betrachten.

[88>]Im Jahr 2002 wurden Fischer unterschiedlicher Generationen im
Golf von Kalifornien zur Entwicklung der Fischbestände in ihrer Region
befragt. Die älteren Fischer berichteten im Schnitt von elf Fischarten, die
im Laufe der Zeit verschwunden waren. Die Fischer mittleren Alters berichteten von sieben verschwundenen Fischarten. Und die jungen Fischer
von zwei. Die Erkenntnis der Studie: Die jüngeren Fischer waren sich
nicht über das tatsächliche Ausmaß des Artenrückgangs bewusst, weil
sie die einstige Artenvielfalt selbst nie erlebt hatten. Dass wir Menschen
immer den Zustand unserer Umwelt für natürlich und normal halten,
den wir selbst im Laufe unseres Lebens kennengelernt haben, wird als
Phänomen der *Shifting Baselines* bezeichnet, der sich verschiebenden
Grundlinien. Dieses Phänomen besagt, dass wir sowohl positive als auch
negative Veränderungen in unserer sozialen und physischen Umwelt
nicht so wahrnehmen, wie sie tatsächlich verlaufen, sondern immer nur
relativ zu unserer eigenen Beobachtung.[<88 89>]Es sorgt auch dafür, dass wir
das Unglück um uns herum als Zeichen dafür nehmen, wie schlecht es
um die Welt bestellt ist. Dabei nehmen wir dieses Unglück überhaupt erst

als solches wahr, weil es uns so gut geht. Es gibt nicht mehr Unglück, nur fällt das Unglück anderer im Vergleich zu unserem Wohlergehen mehr auf.[89] Mit dem Erreichen jeder weiteren Stufe des Fortschritts steigen auch unsere Erwartungen an Fortschritt. Jeder von uns ist ein Kind seiner Zeit und die Errungenschaften der Vergangenheit stellen für uns keine Besonderheiten mehr dar – sie sind unsere Ausgangsposition. Mit dieser Haltung stehen wir unserer Sicht auf Veränderung allerdings selbst im Weg. Denn wenn wir uns eine Meinung über die Lage der Welt bilden wollen, müssen wir über den relativ kurzen Zeitraum hinaus blicken, den unser eigenes Leben im Vergleich zur Menschheitsgeschichte darstellt. Dabei ist es entscheidend für Verbesserung, dass wir uns sowohl Fortschritte als auch Probleme genau ansehen und mehr darüber lernen. Und umso wichtiger ist es, dass wir einen gelasseneren Umgang mit Problemen entwickeln, damit wir motiviert sind, sie zu lösen. Ein Fischer handelt wahrscheinlich anders, wenn er sich das ganze Ausmaß eines Problems bewusst macht und nicht nur von zwei oder sieben, sondern von elf verschwundenen Fischarten ausgeht. Wenn wir ein Problem besser verstehen, können wir es auch besser lösen. Genauso hilfreich für Verbesserung kann es sein, sich die Erfolge der Vergangenheit anzusehen. Ein Fischer, der die Artenvielfalt erhalten möchte, tut wahrscheinlich gut daran, sich erfolgreiche Beispiele aus dem Artenschutz anzusehen und kommt so vielleicht auf eine Lösung für sein Problem. Die hohen Standards, die wir heute erreicht haben, sind das Ergebnis einer langen Liste an Lösungen, die Menschen für eine ebenso lange Liste an Problemen gefunden haben. Vergangene Probleme dienen dabei nicht als Grund für Pessimismus, sondern dazu, Erfolg richtig bewerten und Probleme richtig einschätzen zu können. Und die Erfolge der Vergangenheit geben uns Grund für die Annahme, dass Verbesserung auch weiterhin möglich ist.

Ein weiteres Beispiel für unseren verzerrten Blick auf Veränderung ist die Irreführung durch Nostalgie, die uns Dinge sagen lässt wie: *„Früher war alles besser!"* Das mag teilweise stimmen. [90] Aber ein rosaroter Blick in die Vergangenheit kann auch ein Zeichen dafür sein, dass die Erinnerung uns trügt. Der Grund dafür ist unser *autobiografisches Gedächtnis*.

Schlechte Erlebnisse werden in unserer Erinnerung zwar generell höher gewichtet als gute. Mit der Zeit nimmt die emotionale Intensität von schlechten Erinnerungen allerdings stärker ab als die von positiven.[<90] Schlechte Erlebnisse kommen uns rückblickend also gar nicht mehr so schlecht vor, wie wir sie ursprünglich empfunden haben. An dem ähnlich abgedroschenen Spruch *„Die Zeit heilt alle Wunden."* scheint also tatsächlich etwas dran zu sein. Das mag gesund für unsere Psyche sein. Es kann aber auch dazu führen, dass wir dem Trugschluss erliegen, früher sei wirklich alles oder zumindest vieles besser gewesen – und heute im Umkehrschluss so einiges schechter. Dabei sind die schlechten Nachrichten von heute lediglich frischer in unserer Erinnerung als die von gestern.

Neben den Shifting Baselines und unserem autobiografischen Gedächtnis lässt uns noch etwas vor allem positive Veränderung übersehen: unsere Vorstellung davon, wie Veränderung auszusehen hat. Wir denken, Veränderung müsse groß und deutlich sein, ein auffälliges Ereignis. Wir suchen nach einem Gegenstück für die schockierenden Nachrichten, die täglich auf uns niederprasseln.[91>] Negative Ereignisse können plötzlich passieren, während gute Dinge manchmal ihre Zeit brauchen. Da Nachrichten hauptsächlich von schlechten Ereignissen berichten, fallen schleichende, positive Veränderungen durch das Nachrichtenraster hindurch[<91] – und entgehen so unserer Wahrnehmung. Wäre das positive Gegenstück zu einer negativen Schlagzeile, dass nichts Schlimmes passiert? *„Breaking News: Heute kein Tsunami!"* Vielleicht sind es auch gar nicht immer die plötzlichen, schlechten Ereignisse und die langsamen, positiven Veränderungen. Positive Ereignisse können genauso plötzlich sein wie negative und beides können Symptome langfristiger Veränderungen sein. Nehmen wir als Beispiel eine Kriegserklärung und einen Friedensbeschluss. Beides können plötzliche und einschneidende Ereignisse sein. Und beides sind Ergebnisse von vorangegangenen Entwicklungen über längere Zeiträume. Wenn wir ein Ereignis mit einer Entwicklung vergleichen, vergleichen wir Äpfel mit Apfelbäumen. Die Frage lautet also vielleicht weniger, ob negative oder positive Ereignisse plötzlich sind, und eher, worauf wir uns konzentrieren. Bei negativen Ereignissen sehen wir eher das Ergebnis, bei positiven hingegen den langen, mühsamen Weg zur Verbesserung. Also konzentrieren wir uns bei positiven Ereignissen quasi wieder auf das Negative. Dass uns negative Ereignisse plötzlicher erscheinen als positive, könnte also auch nur ein Symptom unserer Negativitäts-Verzerrung sein. Vielleicht suchen wir auch einfach an der falschen Stelle, wenn wir nach einem Pendant zu negativen Schlagzeilen suchen: [92>]*„Ich rede nicht über irgendwelche trivialen positiven Neuigkeiten, die angeblich die negativen ausgleichen. Ich rede von grundlegenden Verbesserungen, die die Welt verändern, die aber zu langsam, zu zerstückelt oder einzeln betrachtet zu klein sind, um jemals als News zu gelten. Ich rede von dem geheimen stillen Wunder menschlichen Fortschritts."*[<92] Und vielleicht sollten wir zwischendurch auch einfach das wertschätzen, was nicht schiefgeht, sondern gut läuft.

„Ob wir ein Ziel der Geschichte erkennen oder nicht, hängt von der Perspek ab. [...] wenn wir [...] aus der Sicht eines Spionagesateliten auf die Geschichte schauen und gan Jahrtausende überblicken, dann ist glasklar, dass sich die Geschichte unaufhaltsam Richtung Einheit entwic ."
Yuval Noah Harari [93]

Wenn wir Entwicklungen betrachten, sehen wir, dass die Welt sich verbessert. Nicht immer und nicht überall. Aber im Großen und Ganzen und solange wir an Verbesserung arbeiten. Unser Instinkt des Schicksals sorgt dafür, dass wir die Dinge starrer sehen, als sie sind, Missstände für unveränderlich halten, Möglichkeiten für Veränderung übersehen und dass wir das Gefühl haben, wir könnten sowieso nichts ändern. Dabei sind Gesellschaften und Kulturen nicht unveränderbar, sie bewegen sich (siehe S. 41). Die Erkenntnis, dass sich alles ständig verändert, kann sowohl Unberechenbarkeit als auch Gelassenheit mit sich bringen. Sie ermöglicht

Es wi
alles im
Aber Verl
ist immer

es uns, nicht nur negative, sondern auch positive Veränderungen, nicht nur plötzliche Ereignisse, sondern auch langsamen Wandel wahrzunehmen und alles mit etwas mehr Abstand zu betrachten. Was gerade gut läuft, kann bald schlecht laufen. Und was gerade schlecht läuft, kann bald gut laufen.

ANGEBRACHTER OPTIMIS|

Warum wir Grund zum Optimismus haben, das nichts mit
Naivität oder Nichtstun zu tun hat und warum wir
die Welt so sehen sollten, wie sie ist

Als ich Hans Roslings Factfulness und Steven Pinkers rationalen Optimismus schon eine ganze Weile verinnerlicht hatte und es mir ziemlich konsequent gelungen war, auch angesichts schlechter Nachrichten optimistisch zu bleiben, wurden meine gewonnenen Erkenntnisse auf eine Probe gestellt. Ein Freund erzählte mir von einem Bericht über Prognosen zum Klimawandel. Gelassen, wie ich nun zu sein glaubte, hörte ich ihm zu. Das ging so lange gut, bis er so etwas sagte wie: *„Laut Experten kriegen wir selbst dann die Kurve nicht mehr, wenn wir jetzt von heute auf morgen alles auf klimafreundlich umstellen würden.".* Rückblickend finde ich spannend, was diese Aussage mit mir machte. Die altbekannte Panik stieg auf und mir wurde richtig schlecht. *Das war's dann also jetzt*, dachte ich mir. *Wir haben's wirklich verbockt. Die Welt, wie wir sie kennen, wird untergehen … und dann?* Alle meine Instinkte schlugen richtig schön Alarm und mein Denken stockte. Ich war nicht in der Lage, mir genau vorzustellen, wie es dann weitergehen sollte. In meinem Kopf war nur so etwas wie *das Nichts* aus *Die unendliche Geschichte* und in meinem Magen ein Kloß aus irrationaler Angst. Ich glaube, erst in dem Moment habe ich begriffen, worum es bei einem faktenbasierten Weltbild und rationalem Optimismus wirklich geht. Und dass ich tatsächlich etwas gelernt hatte von Rosling, Pinker und Co. Es ist relativ leicht, gelassen zu bleiben, solange man Grund zu der Annahme hat, dass alles doch noch irgendwie gut ausgeht. Und bisher war ich davon ausgegangen, dass wir die Kurve noch kriegen. Einfach, weil ich dachte, wir müssen. So richtig auf die Probe gestellt wird die Gelassenheit erst dann, wenn man auf erste Belege dafür trifft, dass die Geschichte nicht den gewünschten Verlauf nimmt. Ich weiß nicht, ob wir es schaffen und den Klimawandel in den Grenzen halten, in denen wir glauben, mit seinen Auswirkungen noch klarzukommen. Ich hoffe es und ich glaube weiter daran und bemühe mich, meinen Teil dazu beizutragen. Was ich mit absoluter Sicherheit sagen kann, ist, dass es keinen Sinn ergibt, das Handtuch zu werfen, selbst wenn die Prognosen mal wirklich schlecht aussehen. Denn der Punkt ist folgender: Selbst, wenn es uns nicht gelingt, müssen wir damit umgehen und Lösungen finden. Natürlich sollten wir uns bemühen, dass es gar nicht erst so weit kommt. Aber unsere Welt ist auch nicht automatisch verloren, sollte uns das nicht gelingen. Auch dann wird und muss es weitergehen – sowohl mit neuen Problemen als auch mit neuen Lösungen für diese Probleme. Es muss nicht zwangsläufig die Apokalypse folgen und es ist eher unwahrscheinlich, dass das Unheil von einem auf den anderen Tag über uns hereinbricht. Menschgemachte klimatische Veränderungen sind schon längst im Gange und die Dinge werden sich auch weiter verändern, in die eine oder andere Richtung. Auf diese Veränderungen müssen wir reagieren. Und nicht nur das: Wir haben Einfluss darauf, ob sie sich weiterhin zum Positiven oder Negativen verändern. Das ist keine Entscheidung, die einmal für alle Zeit getroffen wird. Wir müssen weiter daran arbeiten, Schaden zu begrenzen, zukünftige Probleme zu vermeiden, Dinge besser zu machen. Ruhe bewahren. Weitermachen. Ein Problem nach dem anderen. Eine Lösung nach der anderen.

FAKTGEFÜ

Die vergleichsweise optimistische Sicht auf die Welt, wie u. a. Rosling und Pinker sie beschreiben, hat nichts mit Naivität zu tun. Hans Rosling beschreibt sich selbst mit folgenden Worten: [94>]*„Ich bin kein Optimist. Das lässt mich naiv klingen. Ich bin ein sehr ernsthafter ‚Possibilist'. [...] Das ist jemand, der weder grundlos hofft, noch sich grundlos fürchtet und ständig der überdramatischen Weltsicht widersteht."*[<94] [95>]Es ist eine Weltsicht, die auf den Entwicklungen der Vergangenheit basiert und nur von der Möglichkeit abhängt, dass sich diese Entwicklungen fortsetzen.[<95] Das wiederum liegt an uns. [96>]Verbesserungen entstehen nicht von alleine, sondern dadurch, dass wir sie aktiv umsetzen und fortführen.[<96] Umso wichtiger ist es, dass wir weitermachen, damit Fortschritte erhalten bleiben und Missstände sich weiter verbessern. [97>]Um die Welt zu verbessern, müssen wir Ursache und Wirkung von Verbesserung verstehen. Wenn es Verbesserungen gegeben hat, ist das ein Hinweis darauf, dass etwas richtig gemacht wurde. Dann müssen wir dieses Etwas identifizieren und mehr davon machen.[<97] Und genau hierzu dient eine faktenbasierte Weltsicht. Die Aussage, dass es besser um die Welt bestellt ist, als viele von uns glauben, ist kein Grund zum Nichtstun, sondern ein Grund für Motivation. Dinge können sich zum Guten entwickeln – das haben sie schon immer getan und sie können es auch weiterhin. Das hier ist eine Einladung, nicht länger so viel von unserer Energie in Angst, Sorge, Unzufriedenheit, Ohnmacht, Überforderung und Frustration zu stecken. Und stattdessen darein, Dinge besser zu machen.

> *„Der Optimis, den ich meine,
> sagt nicht: Alles ist gut. Aber er glaubt an ein
> Bonmot, das Oscar Wilde zugeschrieben wird:
> Am Ende wird al gut – und wenn es nicht gut ist,
> ist es nicht das Ende. Ich würde hinzufügen: Es gibt
> überhaupt kein En. Es geht immer weiter. Und
> ob es dabei auch weiterhin immer bes wird,
> liegt in unserer Hand."*
>
> *Guido Mingels [98]*

Wenn wir uns also nicht länger haltlos unseren negativen Instinkten ergeben wollen, brauchen wir einen anderen Kompass. Hans Rosling beschreibt in seinem Buch *Factfulness* eine faktenbasierte Weltsicht. Sie ist sozusagen die rationale Alternative zu einer überdramatischen Sicht auf die Welt. Sie orientiert sich an aktuellen Daten und Fakten und lässt sich nicht von unseren Instinkten trügen. Sie gibt sich nicht der Meinung hin, die Welt ginge den Bach runter, sondern fragt stattdessen, was denn die Datenblätter dazu sagen – und stößt dabei auf solche überraschenden Beobachtungen wie weniger Armut, sinkendes Bevölkerungswachstum und eine insgesamt weniger gewaltvolle Welt. [99>]Rosling beschreibt eine faktenbasierte Weltsicht als eine Art *Therapie durch Daten,* die durch Verstehen zu geistiger Ruhe führen und zeigen kann: Die Lage der Welt ist nicht so dramatisch, wie sie zu sein scheint. Eine solche Weltsicht kann dazu beitragen, dass wir uns positiver, weniger gestresst und hoffnungsvoller im Bezug auf die Welt fühlen und dass wir neben den Gefahren auch die Möglichkeiten sehen.[<99] Es ist ein bisschen so, wie man dahin geht, wo man hinsieht – so wie auch beim Gehen, beim Auto- oder Fahrradfahren. Wir sind kopfgesteuert. Genau das ist auch für unser Denken der Fall – und das nicht nur, weil unser Gehirn nun mal im Kopf sitzt. Wenn wir uns auf die Apokalypse konzentrieren, sehen wir sie als einzige Möglichkeit – und im schlimmsten Fall wird sie dann zur selbsterfüllenden Prophezeiung. Wenn wir uns stattdessen auf die Verbesserungen in der Welt konzentrieren, sehen wir, dass die Welt sich schon lange verbessert, und wir sehen eine Vielzahl von Möglichkeiten, wie sie zu einem noch besseren Ort werden kann – was uns dazu motiviert, unseren Teil dazu beizutragen. Darum ist es so wichtig, *beides* zu sehen. Hindernisse *und* Möglichkeiten. Probleme *und* Lösungen. Eine faktenbasierte Weltsicht hilft nicht nur uns selbst, sondern auch unseren Mitmenschen und unserer Umwelt. Weil wir nur mit einem klaren Blick auf die Dinge globalen Handlungsbedarf, Rück- und Fortschritte sowie Risiken und Chancen erkennen, sie richtig einschätzen und angehen können. Mit einem faktenbasierten Weltbild können wir die richtigen Weichen für Veränderung stellen. Rosling bringt hierfür einen sehr eingängigen Vergleich an: [100>]*„Wenn Sie sich auf das Navi in Ihrem Auto verlassen, kommt es darauf an, dass es die richtigen Informationen verwendet. Sie würden ihm nicht trauen, wenn es Sie anscheinend durch eine ganz andere Stadt lotst, weil Sie wüssten, dass Sie am Ende am falschen Ort landen werden. Wie sollen also Politiker und andere Entscheidungsträger Probleme im globalen Maßstab lösen, wenn ihre Entscheidungen auf falschen Fakten beruhen? Wie sollen Geschäftsleute vernünftige Entscheidungen für ihre Unternehmen treffen, wenn ihre Weltsicht auf dem Kopf steht? Und wie kann jeder Einzelne von uns im* *alltäglichen Leben wissen, worauf es wirklich ankommt und worüber er sich Sorgen machen muss?"*[100] Ich glaube, dass es die Welt besser macht, wenn wir an Verbesserung glauben und an ihr arbeiten. Wenn es nicht länger nur darum geht, drohendes Unheil abzuwenden, sondern darum, gemeinsam eine bessere Welt zu gestalten. Da sind wir doch gleich viel motivierter. Davon profitieren jeder Einzelne von uns, unsere Mitmenschen und unsere Umwelt. Eine Win-win-win-Situation.

HALBWIS IN KÜRZE

1.

Wenn wir uns zu sehr auf negative Entwicklungen konzentrieren, sehen wir nur einen Teil des Bildes. Auf lange Sicht haben wir in der Vergangenheit viele zentrale Bereiche unseres Lebens verbessert, was uns Grund zu der Annahme geben sollte, dass wir das auch weiterhin können.

2.

Einige Phänomene unserer Wahrnehmung sorgen dafür, dass wir die Welt negativer sehen, als sie eigentlich ist. Aber wenn wir uns unsere dramatischen Instinkte und unser unzuverlässiges Denken bewusst machen und beides hinterfragen, können wir lernen, die Welt mit all ihren Seiten zu sehen.

3.

Zu viele schlechte Nachrichten können sich schlecht auf unser Wohlergehen auswirken und auf unsere Motivation, die Welt besser zu machen. Stattdessen können wir die motivierende Wirkung eines bewussten Umgangs mit Nachrichten nutzen, um die Welt zu verbessern.

4.

Es fällt uns schwer, Veränderung wahrzunehmen, die langsam verläuft oder sogar über unser eigenes Leben hinausgeht. Dabei sind solche Veränderungen oft viel relevanter als kurzlebige Ereignisse. Und auch viele scheinbar kleine Veränderungen können genau die Teile sein, aus denen große Veränderungen bestehen.

5.

Wir sollten uns bemühen, weder übermäßig pessimistisch noch übertrieben optimistisch zu sein, und die Welt stattdessen mit ihren schlechten *und* ihren guten Seiten zu sehen. Die Dinge können sich zum Schlechteren, aber genauso zum Besseren entwickeln. In welche Richtung es geht, entscheiden wir.

BÖSE PROBLEME

*Von Problemen, die wir nicht lösen können, von Zielen, die
wir nicht erreichen können, und warum uns das nicht
davon abhalten sollte, es zu versuchen*

Wir kennen solche Probleme, die sich zum Verrecken nicht lösen
lassen wollen. Weil sie einfach zu komplex sind. Und jede Lösung an einer
Stelle des Problems scheinbar zig neue Probleme an anderen Stellen mit
sich bringt. Das können (scheinbar) ganz kleine Dinge sein, wie verant-
wortungsbewusst einkaufen, oder auch ganz große Dinge, wie Armut.
Oder etwas dazwischen, wie ein gemeinnütziges Projekt, an dem ich im
Verlauf meines Studiums teilnahm. Die Aufgabe bestand in der Umgestaltung eines Spielplatzes. Uns wurde gesagt, dass der Platz nicht mehr wirklich genutzt würde und dass das unter anderem an schlecht einsehbaren
Ecken läge, einer willkommenen Gelegenheit für dubiose Geschäfte. Und
daran, dass sich besonders abends Gruppen von Jugendlichen auf dem
Platz aufhielten und Lärm machten. Der Kurs bestand bunt gemischt aus
Studenten mit unterschiedlichen Schwerpunkten und aus unterschiedlichen Semestern, keiner von uns hatte Erfahrung mit der Gestaltung
eines Spielplatzes und wir machten uns gemeinsam auf in das Abenteuer.
Wir konnten da wirklich etwas bewegen, einen kleinen Teil der Welt verbessern. Dachten wir zumindest. Schon nach ein paar Wochen kamen
die ersten Probleme auf, mit denen wir nicht gerechnet hatten. Trotz
unserer Bemühungen, möglichst alle Beteiligten miteinzubeziehen, gab
es Beschwerden von Akteuren, die sich ausgeschlossen fühlten – und von
deren Bezug zum Projekt wir bis dahin nicht einmal wussten. Während
des Semesters versuchten wir so gut es ging, das wachsende Netzwerk
an Beteiligten zu berücksichtigen. Viele Stunden der Recherche, Kon-
zeption, des Ausprobierens, Diskutierens und Kreierens später war es
dann vollbracht. Wir hatten nicht nur ein Modell von einem Spielplatz,
sondern uns dazu auch ein grobes Veranstaltungskonzept überlegt, das
alle Menschen rund um den Platz zusammenbringen sollte. Es war nicht

rd nicht
nmer *besser.*
besserung
möglich.

mehr nur ein Spielplatz, den wir uns da erdacht hatten. Es war ein Ort der Nachbarschaftlichkeit und Gesellschaft. Das Projekt war in der Uni ein Erfolg und wir waren sehr stolz auf unsere Arbeit und die großen Lernfortschritte, die wir gemacht hatten. Aber dabei sollte es ja nicht bleiben, schließlich wollte unser Plan raus in die Welt. Also ging das Projekt auch nach dem Semester für ein paar Freiwillige von uns weiter. Es gab eine Präsentation im Rathaus mit Vertretern der Presse, Spielplatzfeste, die anstanden und auf denen wir unsere Pläne vorstellen wollten, und regelmäßige Treffen mit einigen Anwohnern und am Platz Beteiligten – um eben alle an einem Tisch zu haben und gemeinsam zu beraten, wie es weitergehen soll. Nach dem kurzen Erfolgshoch ging es wieder bergab. Bei der Präsentation im Rathaus beschwerten sich einige, vor vollendete Tatsachen gestellt worden zu sein. Bald war ich die Letzte der Studierenden, die noch an der Sache dranblieb. Das Interesse und der Input bei den Spielplatzfesten hielt sich in Grenzen. Bei den Treffen der Beteiligten kamen Streitigkeiten ans Licht. Es stellte sich heraus, dass es ganz viele verschiedene, teilweise zusammenhängende Probleme rund um den Platz gab, die mindestens genauso viele Ursachen hatten. Und dass im Grunde jeder seine eigenen Interessen verfolgte und es unmöglich war, alle unter einen Hut zu bekommen. Irgendwann fragte ich mich, ob eine Umgestaltung des Platzes jemals eine wirkliche Lösung gewesen wäre. Ich schrieb noch ein paar Mails, in denen ich versuchte, die Probleme zu relativieren und zwischen den Parteien zu vermitteln, und das letzte Treffen fand dann nur noch zwischen drei Leuten statt. Danach schlief die Sache ein, zumindest soweit ich weiß. Man könnte meinen, die ganze Erfahrung war ziemlich frustrierend. Da macht man sich die ganze Mühe – und wofür?

Wir wissen oft erst im Nachhinein, dass und was wir gelernt haben. Würde ich das Projekt jetzt anders angehen? Vielleicht. Vielleicht musste es aber auch genauso laufen. Wir hätten uns am Anfang nicht mehr Zeit für Zusammenarbeit mit den Beteiligten nehmen können, denn wir mussten nun mal einen Entwurf innerhalb eines Semesters erarbeiten. Wenn Menschen nicht bereit sind, Kompromisse einzugehen und aufeinander zuzugehen, können wir auch nicht mehr machen, als so gut es geht zu vermitteln und ihnen die Möglichkeit zu bieten, aufeinander zuzugehen. Es gab diverse Probleme am Platz, für die es keine Universallösung gab. Und vielleicht haben wir allein mit unserem Versuch, etwas zu verändern, schon etwas erreicht. Die Beteiligten zusammengebracht. Aufrichtiges Interesse gezeigt und Aufmerksamkeit geschaffen. Den Menschen eine Vision von einem Platz gezeigt, wie ihn sich eine Gruppe junger Studierender in der Stadt gewünscht hätte. Manchmal geht es gar nicht so sehr darum, wie alles besser hätte laufen können, also weniger um die Lösung. Sondern darum, etwas mit den besten Intentionen zu versuchen und unterwegs zu lernen, also vielmehr um den Weg dahin. Womit wir beim Thema wären. Das Spielplatzprojekt ist ein Paradebeispiel für ein, wenn auch sehr harmlos verlaufenes, sogenanntes *bösartiges Problem*. Solche Probleme können ein Quell der Frustration sein. Und sie können ein Quell der Inspiration, Innovation, des gemeinsamen Lernens, der Problemlösung und Zukunftsvision sein, wenn wir mit ihnen umzugehen wissen. Damit wir überhaupt einen besseren Umgang mit solchen Problemen finden können, sollten wir uns vor Augen führen, womit wir es eigentlich zu tun haben.

Der Designtheoretiker Horst W. J. Rittel und der Stadtplaner Melvin M. Webber beschrieben in *Dilemmas in einer allgemeinen Theorie der Planung* sogenannte [101>]*bösartige Probleme* (engl. Original: *wicked problems*),* die in der Planung von gesellschaftlichen Strukturen auftreten. Solche Probleme sind schwer bis unmöglich zu definieren und im klassischen Sinne nicht lösbar. Dazu zählen z. B. die Änderung eines Lehrplans, das Festsetzen der Höhe einer Steuer oder Verbrechensbekämpfung. Den Verantwortlichen für das Problem bezeichnen Rittel und Webber als *Planer*. Auf der anderen Seite gibt es Probleme, die klar zu lösen sind, aus Bereichen wie der Wissenschaft, Technik oder dem Ingenieurwesen: die Lösung einer Gleichung, die Analyse durch einen Chemiker oder der Spielzug eines Schachspielers. Anders als bei bösartigen Problemen sind bei diesen

---

* Ich finde es sehr ironisch, dass das Englische *wicked* zwar *böse* bedeutet, im Umgangssprachlichen aber auch so viel wie *sehr geil* oder *echt geil*. Ein vielleicht gar nicht mal beabsichtigter, aber umso passender versteckter Hinweis darauf, dass solche Probleme auch Seiten haben, aus denen wir etwas lernen können.

zahmen oder *gutartigen* Problemen sowohl Lösung als auch Problem klar
definiert. Im Nachhinein lässt sich eindeutig sagen, ob das Problem gelöst
wurde oder nicht.[<101] Bösartige Probleme kommen überall dort vor, wo wir
es mit Komplexität zu tun haben. Wenn es um zwischenmenschliche
Zusammenarbeit geht. Wenn es darum geht, eine Entscheidung zu
treffen, von der viele verschiedene Akteure betroffen sind. Und auch,
wenn es darum geht, Probleme zu lösen, die unsere Gegenwart und
unsere Zukunft betreffen und in denen sowohl Gesellschaft als auch
Umwelt und Wirtschaft eine Rolle spielen. Dabei muss nicht jedes
komplexe Problem zwingend alle der folgenden Eigenschaften aufweisen.
Diese Eigenschaften zu kennen hilft uns aber weiter, wenn wir uns in
Zukunft auf ein komplexes Problem einlassen. Wir sind besser vorbereitet, wenn wir wissen, was alles auf uns zukommen könnte. Geben wir
dem Übel also erstmal ein Gesicht. Rittel und Webber stellen zehn
Behauptungen auf, in denen sie die typischen Merkmale von bösartigen
Problemen beschreiben:

1.

[102>]Bösartige Probleme lassen sich nicht genau beschreiben, da es für
jedes bösartige Problem unzählige Lösungsmöglichkeiten gibt, jede Definition des Problems aber schon eine bestimmte Lösung mit sich bringt.
Möchten wir z. B. Armut bekämpfen, eröffnen sich völlig unterschiedliche Ansätze, je nachdem, ob wir unter Armut niedriges Einkommen,
mangelnde Gesundheit oder etwas anderes verstehen.[<102] Im Falle der
Spielplatzplanung gibt es unterschiedliche Lösungen, je nachdem, ob
wir vom Problem der dubiosen Geschäfte, der lauten Jugendlichen, der
verständnislosen Nachbarn, allgemeiner Missverständnisse zwischen den
Beteiligten oder von etwas anderem ausgehen.

2.

[103>]Es gibt im Lösungsprozess von bösartigen Problemen kein klares
Ende. Der Planer könnte immer noch weiter an einer Lösung arbeiten,
immer noch eine bessere finden und beendet die Arbeit an dem Problem
schließlich nicht, weil die perfekte, richtige Lösung gefunden wurde,

sondern aus externen Gründen: weil ihm z. B. die Zeit, das Geld oder die Geduld ausgehen.[103] In meinem Fall waren es Lust und Motivation. Ich hatte das Gefühl, dass das alles nicht so wirklich auf etwas hinauslief, die Komplexität der Sache und das ständige Vermitteln mir zu anstrengend wurden und ich mich etwas verloren auf einsamem Posten fühlte.

3.

[104] Eine Lösung für ein bösartiges Problem kann nicht richtig oder falsch sein, sondern eine bestehende Situation lediglich verbessern oder verschlechtern. Die Lösungsbewertung kann nicht objektiv sein und ist abhängig von den unterschiedlichen Interessen, Werten und Vorlieben der beteiligten Akteure.[104] Nehmen wir an, der Spielplatz sei umgestaltet worden. Wie sehr der neue Platz nun gefällt, hängt von den Meinungen und Bedürfnissen der unterschiedlichen Nutzer des Platzes ab. Die Bewertung kann ganz unterschiedlich ausfallen, je nachdem, wessen Wünsche am meisten getroffen wurden. Dabei gibt es also kein Richtig oder Falsch, sondern viele verschiedene mögliche Abstufungen auf einer Skala von *viel schlechter* bis *viel besser*.

4.

[105] Jede Lösung für ein bösartiges Problem zieht Konsequenzen und möglicherweise (negative) Rückwirkungen nach sich, die wir unmöglich in ihrer Vollständigkeit absehen oder im Nachhinein bewerten können. Wir können nicht alle Auswirkungen auf alle Beteiligten für alle Zeit nachverfolgen oder vorhersehen.[105] Vielleicht hätte die Neugestaltung des Platzes nun tatsächlich dazu beigetragen, dass die schlecht einsehbaren Ecken und mit ihnen die dubiosen Aktivitäten und lauten Jugendlichen verschwunden wären. Das Problem wäre aber wahrscheinlich nicht gelöst worden, sondern es hätte sich lediglich verschoben. Die dubiosen Aktivitäten und lauten Jugendlichen wären an einen anderen Ort umgezogen. An diesem Ort wäre dafür ein Problem entstanden, das es vorher nicht gab. Vielleicht hätte die Umgestaltung auch dafür gesorgt, dass die Anwohner jetzt gemeinsam mit den Jugendlichen warme Sommerabende auf dem Platz verbringen. Und dubiose Geschäfte *miteinander* machen.

Diese und viele weitere Möglichkeiten sind denkbar, die wir unmöglich alle vorhersehen und berücksichtigen konnten oder nach dem Ende des Projektes nachvollziehen können.

5.

[106>]Beim Umgang mit bösartigen Problemen zählt jeder Versuch und es gibt keine Möglichkeit, einen Lösungsansatz vorher in einem geschützten Bereich ohne Konsequenzen zu testen. Jede Handlung ist unumkehrbar und die Auswirkungen beziehen sich auf eine sehr lange, nicht absehbare Zeit in der Zukunft.[<106] Wurde der Platz einmal umgebaut, gibt es kein Zurück mehr. Theoretisch wäre das möglich, aber damit wäre der Bau nicht wortwörtlich rückgängig gemacht – und die ohnehin schon geräuschbelästigten Nachbarn wären sicher nicht erfreut über doppelten Baulärm, damit danach wieder alles aussieht wie vorher.

6.

[107>]Bösartige Probleme haben entweder keine einzige oder unendlich viele mögliche Lösungen, die wir unmöglich alle bedenken können. Zu dem Fall, dass es keine einzige Lösung gibt, kann es kommen, wenn schon in der Definition des Problems Widersprüche auftreten. Da es ansonsten unendlich viele Lösungwege gibt, hängt die Wahl letztlich vom Urteil des Planers und vom Vertrauen und der Glaubwürdigkeit zwischen Planer und Klientel ab.[<107] Im Falle des Spielplatzes wären auch noch ganz andere Lösungen denkbar gewesen, z. B. ein Straßenfest zur Lockerung der Spannungen zwischen den Nutzern. Aber schließlich ging es um einen Spielplatz, also stand das Interesse der Kinder an oberster Stelle, also sollte der Platz umgestaltet werden (um Probleme zu beheben, die den Kindern vielleicht ziemlich egal waren).

7.

[108>]Jedes bösartige Problem ist einzigartig und die Unterschiede sind hierbei von größerer Bedeutung als die Gemeinsamkeiten. Beim Umgang mit solchen Problemen müssen wir also die Gefahr umgehen, das aktuelle Problem zu früh mit einem vorangegangenen Problem zu vergleichen und anzunehmen, wir könnten für beide die gleiche Lösung anwenden.[108] Ein ähnliches Spielplatz-Projekt an einem anderen Ort unter anderen Bedingungen hätte ganz anders verlaufen können. Wir können und sollten uns Inspiration holen und aus den Erfahrungen anderer lernen. Dabei dürfen wir aber nicht dem Trugschluss erliegen, dass wir im Umgang mit bösartigen Problemen vom einen aufs andere schließen könnten. Im Grunde lassen wir uns also immer von Neuem auf etwas Ungewisses ein. Der positive Nebeneffekt: Dabei werden wir geübter im Umgang mit Ungewissheiten.

8.

[109] Jedes bösartige Problem kann als Symptom eines anderen Problems auf einer höheren, komplexeren Ebene betrachtet werden. Je höher die Ebene der Problemformulierung ist, desto allgemeiner wird sie und desto schwieriger wird es, etwas zur Lösung des Problems beizutragen. Trotzdem sollten wir bösartige Probleme auf einer möglichst hohen Ebene angehen, da die reine Bekämpfung von Symptomen die Situation verschlimmern und die Lösung des Problems erschweren könnte. Außerdem garantieren viele kleine Verbesserungen laut Rittel und Webber keine große Verbesserung.[109] Ein Beispiel anhand des Spielplatzes: Dass die Jugendlichen sich abends auf dem Platz treffen, könnte ein Symptom fehlender Freizeit- und Aufenthaltsmöglichkeiten für diese Altersgruppe sein. Das wiederum könnte ein Symptom von zu dicht verbauten Städten mit zu wenig Grün- und Erholungsflächen sein. Das wiederum könnte ein Symptom von Landflucht und menschenunfreundlicher Städteplanung sein. Und so weiter.

Aus Rittels und Webbers Anregung, Probleme auf möglichst hoher Ebene anzugehen, sollten wir nicht schlussfolgern, dass Lösungsansätze auf niedrigerer Ebene unnütz oder zu riskant sind. Es stimmt zwar, dass viele kleine Verbesserungen keine große Verbesserung *garantieren*. Aber jeder Versuch der Verbesserung ist besser als überhaupt keine Verbesserung und viele kleine Verbesserungen *können* gemeinsam eine große Verbesserung bedeuten. Das Angehen von Problemen auf möglichst hoher Ebene ist ein erstrebenswertes Ziel. Es erfordert aber auch den Einsatz von

Ressourcen wie Macht, Geld, Zeit und Energie, die nicht unbedingt jedem in ausreichendem Maß zur Verfügung stehen. Was wir aus diesem Punkt mitnehmen sollten, ist also weniger, die Finger von bösartigen Problemen zu lassen, weil wir sowieso nichts richtig machen können. Was wir stattdessen mitnehmen sollten, ist, bedacht zu handeln und uns zu fragen, ob wir vielleicht gerade nur ein Symptom bekämpfen oder ob wir auch noch einen Schritt weiter gehen und näher an der Ursache anpacken können. Gestalte ich einen neuen Spielplatz, der vermeintlich die Beliebtheit des Platzes verbessern soll? Oder versuche ich, möglichst viele Akteure aus der Gegend an einen Tisch zu kriegen, damit sie ihre Differenzen klären und gemeinsam eine Lösung entwickeln können? Wir sollten uns auf den eigenen Handlungsspielraum und den nächsten Schritt konzentrieren, dabei aber das große Ganze im Blick behalten.

9.

[110>]Für ein bösartiges Problem gibt es zahlreiche mögliche Erklärungen und es existiert keine Regel oder Vorgehensweise, die eine (oder mehrere) *richtige* Erklärung(en) zu bestimmen. Da jedes bösartige Problem einzigartig ist (siehe Behauptung 7) und wir nicht vorab experimentieren können (siehe Behauptung 5), lässt sich die gewählte Erklärung bzw. der gewählte Lösungsweg nicht überprüfen. Die Wahl der Erklärung für ein bösartiges Problem hängt also von der Absicht, den Möglichkeiten und der Weltsicht des Planers ab. [<110] Aus Sicht der Stadt waren die wichtigsten Stakeholder am Platz die Kinder und Jugendlichen. Die Anwohner sahen das sicher anders. Aus meiner Sicht war die komplexe Misskommunikation am Platz ein grundlegender Punkt.

10.

[111>]*„Der Planer hat kein Recht, unrecht zu haben"*. Anders als in der Welt der Wissenschaft geht es im Umgang mit bösartigen Problemen nicht darum, die Wahrheit herauszufinden, sondern eine Situation, in der Menschen leben, zu verbessern. Der Planer ist verantwortlich für die Konsequenzen seines Handelns, die für die Betroffenen von großer Bedeutung sein können. [<111] Im Fall der Spielplatzplanung ist das wie gesagt sehr glimpflich verlaufen. Es gab ein paar verbale Reibereien, ein paar Leute haben sich aufgeregt, aber letztlich blieb es bei der Planung und das war es dann auch. Es wurden keine Steuergelder in einen Umbau investiert, der dann niemandem gefiel oder die Situation noch schlimmer machte. Vielleicht haben wir mit unserer Aktion auch schlafende Riesen geweckt, indem wir auf einige Missstände aufmerksam gemacht haben. Aber allein durch dieses harmlose Beispiel können wir uns vorstellen, wie so eine Situation eskalieren kann. Im Ernstfall trifft den Planer nicht nur die eigene Enttäuschung über einen Misserfolg, sondern auch soziale Strafe in Form der Unzufriedenheit von Betroffenen und möglicherweise sogar der Verlust von beruflichem Ansehen und von bestehenden oder potentiellen Auftraggebern.

Jetzt wissen wir also Bescheid über bösartige Probleme. Das Übel hat ein Gesicht. Als ich das erste Mal die Bekanntschaft mit dieser Umschreibung von bösartigen Problemen gemacht habe – nach meiner Erfahrung mit der Spielplatzplanung – wurde mir so einiges plötzlich klarer. Laut Rittels und Webbers Beschreibung war es gar nicht wirklich möglich, solche komplexen Probleme zu lösen. Das hätte mich deprimieren und das Handtuch werfen lassen können – denn wieso es dann überhaupt weiter versuchen mit dem Weltverbessern? Stattdessen fühlte ich mich erleichtert. Den Eindruck, im Umgang mit Komplexität nicht wirklich zu einer Lösung zu gelangen, hatte ich schon vorher gehabt, aber ich hatte nie den Grund dafür begriffen, nie gesehen, was ich oder andere falsch machten, wie wir es richtig machen konnten. Hier hatte ich eine Antwort schwarz auf weiß: Wir machten nichts falsch. Wir konnten nichts richtig machen. Der Grund, aus dem komplexe Probleme sich nicht im klassischen Sinne lösen lassen wollen, ist nicht der, dass es an der richtigen Lösung hapert, sondern *dass es gar nicht um die Lösung an sich geht.* Zumindest nicht unmittelbar. Denn es gibt sie nicht, die eine große Lösung, die das Problem behebt. Und das liegt in der Natur solcher Probleme, es ist ein Umstand, an dem sich nicht rütteln lässt. Das wiederum bedeutet, dass wir schon alles so richtig wie möglich machen, *wenn wir trotzdem auf eine Lösung hinarbeiten.* Wenn wir weitermachen *im Angesicht* von unlösbaren Problemen. Zu tun, was im Bereich unserer Möglichkeiten liegt, und damit wenn auch gefühlt kleine Schritte in die richtige Richtung zu gehen. Denn nur, weil Perfektion utopisch ist, steht ständiger Verbesserung nichts im Weg. Wenn an der Situation an sich also gar nichts geändert werden kann und auch nichts geändert werden muss, wo liegt dann unser Problem im Umgang mit komplexen Problemen und Komplexität an sich? In unserer utopischen Zielvorstellung, der Unzuverlässigkeit unseres Denkens und in unserer Abneigung gegenüber Ungewissheit. Um besser mit komplexen Problemen und Komplexität an sich umzugehen, kann es uns helfen, diese drei Bereiche besser zu verstehen – und unsere Ansichten auf den Kopf zu stellen.

JAGD NACH UTOPIEN

Fangen wir mit dem Problem unserer Zielvorstellung an. Es gibt zwei Arten von Zielen. Zum einen gibt es erreichbare Ziele, wie z. B. einem Obdachlosen mit einer Spende durch den Tag zu helfen. Solche Ziele sorgen für Erfolgserlebnisse: Wir haben etwas geschafft, einen Beitrag geleistet, jemandem geholfen. [112>]Wenn wir ein größeres Ziel in Teilziele mit hoher Umsetzungswahrscheinlichkeit herunterbrechen, steigt die Möglichkeit, dass wir Erfolge erzielen, die uns motivieren, das Gesamtziel weiterzuverfolgen.[<112] Es fällt uns auch leichter zu kontrollieren, ob wir konkrete, kleinere Ziele erreicht haben, als wenn wir einfach nur einem großen abstrakten Ziel in weiter Ferne entgegenarbeiten. [113>]Unser Selbstvertrauen und unsere Selbstwirksamkeit steigen dabei vor allem, wenn wir Erfolge durch unser eigenes Verhalten erzielen.[<113] * Im Umkehrschluss sinken also unsere Motivation, unser Selbstvertrauen und unsere Selbstwirksamkeit, je weniger wir den Eindruck haben, dem Gesamtziel näher zu kommen.

---

* Selbstwirksamkeit ist die Gewissheit, dass wir neue oder schwierige Anforderungen, die Anstrengung und Ausdauer erfordern, durch eigene Fähigkeiten lösen können. Mehr dazu ab S. 95.

Zum anderen gibt es Ideale oder Visionen, die – zumindest zum aktuellen Zeitpunkt noch – utopisch und unerreichbar erscheinen.* Wenn wir uns unter professionellen Weltverbesserern umsehen, treffen wir schnell auf Beispiele für solche Ideale. [114>]So lautet z. B. die Mission des WWF: *„Wir wollen die weltweite Zerstörung der Natur und Umwelt stoppen und eine Zukunft gestalten, in der Mensch und Natur in Einklang miteinander leben."*[<114] und [115>]das nachhaltige Entwicklungsziel Nr. 1 der Vereinten Nationen bis zum Jahr 2030: *„Armut in jeder Form und überall beenden"*[<115]. Solche Ziele sorgen für Orientierung. Sie dienen uns als Kompass und geben Richtungen vor, nach denen wir streben und handeln.

Problematisch wird es dann, wenn diese beiden Zielvorstellungen miteinander verschwimmen und wir mit dem Erreichen konkreter Teilziele nicht mehr zufrieden sind, weil wir dem Ideal damit gefühlt nicht nah genug kommen. Ähnlich ist es auch mit anderen Idealen, z. B. mit unserem Schönheitsideal. Wir können der Überzeugung sein, dass heute gültige Schönheitsideale zu dünn, zu ungesund, utopisch oder nicht für jeden zu erreichen sind. Wir können uns prinzipiell wohl in unserem Körper fühlen, gesund und attraktiv, auch, wenn die eigenen Maße nicht den vermeintlichen Idealmaßen entsprechen. Und trotzdem sind wir manchmal unzufrieden, wenn diese Ideale unterbewusst an uns nagen. Dann ist der Bauch irgendwie zu dick, die anderen sehen alle viel sportlicher und besser aus und wir sollten doch mal mehr für die Figur tun. Im Umgang mit komplexen Problemen und beim Versuch, die Welt zu verbessern, ist das Prinzip ähnlich. Auch, wenn wir eigentlich wissen, dass wir Armut nicht von heute auf morgen und schon gar nicht allein in jeder Form und überall beenden können, zweifeln wir manchmal daran, ob unser Beitrag zur Armutsbekämpfung einen Unterschied macht. Wir messen die Wirksamkeit unserer Teilerfolge an unseren Idealen. Mit jeder guten Tat warten wir insgeheim auf den Tag, an dem aus unserem Ideal Wirklichkeit wird. Und

---

* Dabei sollten wir nicht vergessen, dass auch Dinge wie die Abschaffung der Sklaverei und das Frauenwahlrecht einmal solche Ideale waren. Wenn wir einem Ideal beharrlich genug entgegenstreben, kann es irgendwann zu einem erreichbaren Ziel werden. Zum Hintergrund solch großer Veränderungen lohnt sich ein Blick in das Werk *Eine Frage der Ehre oder Wie es zu moralischen Revolutionen kommt* von Kwame Anthony Appiah.

Verän
mus
anfa
un

dann sind wir unzufrieden und frustriert, wenn das nicht passiert und haben das Gefühl, dem Ziel nicht nah genug gekommen zu sein, es immer noch nicht erfüllt, einen zu kleinen Beitrag geleistet zu haben. Hier spielen noch andere Faktoren eine Rolle, wie unsere Wahrnehmung von Veränderung (siehe *Verborgene Veränderung* ab S. 56) kennen. Wir sind nicht die erste Generation, die daran arbeiten wird, Armut zu beenden, und vielleicht werden wir auch nicht die letzte sein. Stattdessen spielen wir unsere Rolle in einer Veränderung, die über unser eigenes Leben hinausgeht. Ein weiterer Faktor ist, dass wir die Auswirkungen unseres Handelns in komplexen Zusammenhängen nicht so wirklich nachverfolgen und kontrollieren können (mehr zu fehlendem Feedback ab S. 95).

Das Problem liegt also nicht in den Formulierungen der Ideale selbst, sondern in unserer Zielvorstellung und Erfolgserwartung. Die Lösung sollte also nicht sein, unsere Ansprüche zu senken. So würden wir zwar schneller Erfolge erzielen, allerdings auch weniger erreichen. Wenn wir uns vornehmen, Armut bis zum Jahr 2030 zu beenden, werden wir diesem Ziel näher kommen, als wenn wir es gar nicht erst versuchen oder das Zieljahr nach hinten verschieben würden. Aber unsere Motivation, ein Ideal weiterzuverfolgen, sollte nicht von der Erreichung dieses Ideals abhängig sein. Stattdessen sollten wir Zwischenziele als Erfolge wahrnehmen – sei es die Spende an einen Obdachlosen oder die Tatsache, dass die Zahl der Menschen, die in extremer Armut leben, innerhalb von 19 Jahren um mindestens die Hälfte gesunken ist (siehe S. 23). Wenn wir langfristig unsere Motivation beim Streben nach Idealen erhalten wollen, ist es hilfreich, zu erkennen, dass es in diesem Fall nicht das Ziel ist, das Ziel zu erreichen, sondern ihm kontinuierlich entgegenzustreben. Am Beispiel der Spielplatzplanung dachte ich eine ganze Zeit lang, das Projekt sei gescheitert, weil ich es als Ziel angesehen hatte, einen neuen Platz zu bauen und einen Konsens zwischen den Akteuren zu finden. Dabei waren der Versuch, alle Akteure zusammenzubringen, und die Gespräche, die wir gemeinsam geführt haben, schon Schritte in die richtige Richtung, die nicht dadurch an Wert oder Sinnhaftigkeit verlieren, dass es nicht zum gewünschten Ergebnis kam (mehr zu ergebnisoffenen

Prozessen ab S. 87). Es gibt Probleme, die zu komplex sind, um sie auf einmal verstehen, geschweige denn lösen zu können. Die Kunst ist es, die Lösung solcher Probleme nicht als einmalige Mammutaufgabe, sondern als fortschreitenden Prozess zu betrachten. Eine Lösung muss nicht vollkommen sein und kann trotzdem für Verbesserung sorgen. Wir können mit dem Bewusstsein für die Komplexität des Problems und für die Grenzen unserer eigenen Möglichkeiten eine bestmögliche Lösung anstreben. Nicht mehr, aber eben auch nicht weniger. Auch geht es beim Streben nach Idealen vielleicht weniger um die Frage, wie viel wir erreicht haben, und mehr um die Frage, aus welcher Überzeugung, aus welchem Bestreben heraus wir etwas tun. So können wir auch dann Sinn in unserem Handeln empfinden, wenn wir Teilziele erreichen, und auch, wenn wir nicht sicher sein können, welchen Beitrag wir genau geleistet haben. Natürlich ist es wichtig, Ziele zu erreichen, und es bringt die Welt nicht viel weiter, wenn wir immer einfach nur ins Blaue hinein handeln. Aber Wirksamkeit kann nicht die einzige und auch nicht die wichtigste Messlatte für unser Handeln sein, wenn es uns unmöglich ist, diese Wirksamkeit zu bewerten. Wir werden vielleicht nie genau wissen, welche Spuren unsere Beiträge in der Welt hinterlassen. Wie viel unsere Spenden zur Bekämpfung der Armut und ihrer Folgen beigetragen haben. Aber solange wir uns bemühen, kleine Erfolge erzielen und unseren Idealen folgen, können wir mehr erreichen, als hätten wir es nie versucht. Letzten Endes braucht es also dreierlei: Ideale, die uns den Weg weisen; erreichbare Ziele, die uns zeigen, dass es vorangeht und wir etwas bewirken und verändern können; und das richtige Bewusstsein, um beides voneinander zu unterscheiden und entsprechend damit umzugehen.

UNZUVERLÄSSIGES DENKEN

Wie wir bereits festgestellt haben, sind bösartige Probleme eine ziemlich unberechenbare Angelegenheit. Dass wir selbst aber dazu neigen, die Dinge als sehr genau berechenbar einzuschätzen, dürfte uns den Umgang mit ihnen nicht gerade leichter machen. Womit wir beim zweiten Punkt wären, der unserem besseren Umgang mit Komplexität im Weg steht: die Unzuverlässigkeit unseres Denkens. Daniel Kahneman hat sich im Zuge seiner Forschungen zum Denken auch solchen Problemen gewidmet, die bei der Planung komplexer Projekte auftreten können. [116>]Eins der Phänomene, die er beobachtete, bezeichnet er als *What you see is all there is*, was so viel bedeutet wie *Nur was wir gerade wissen, zählt.* Im Grunde besagt es, dass wir dazu neigen, vorschnelle und unbegründete Schlüsse auf Basis begrenzter Informationen zu ziehen. Für unsere Schlussfolgerung ist nicht entscheidend, ob wir alle Informationen haben, die wir benötigen, um eine Situation angemessen einschätzen zu können. Stattdessen zählt, wie plausibel die Geschichte ist, die wir uns aus den begrenzten Informationen zusammenreimen können, die wir haben.[<116] Wir blenden also mehr oder weniger aus, was uns nicht plausibel erscheint und sind blind und taub für Informationen, die uns vielleicht geholfen hätten, zu einem besseren Schluss zu kommen. Für den Umgang mit bösartigen Problemen bedeutet das: Wir *werden,* denn wir *können* nur auf Basis dessen entscheiden und handeln, was wir aktuell wissen. Und wir können davon ausgehen, dass wir niemals *alles* wissen werden, was wir idealerweise wissen sollten. Die Gefahr liegt darin, dass wir uns dieser Situation nicht bewusst sind. Wir haben lediglich das Gefühl, wir hätten etwas verstanden, einen Entschluss gefasst, eine Aufgabe gelöst. Dass uns die Informationen fehlten, um überhaupt verstehen, entscheiden oder lösen zu *können,* ist uns nicht klar. Zum einen entlastet uns diese Erkenntnis, wenn wir im Umgang mit komplexen Problemen etwas übersehen oder einen Fehler gemacht haben – wir konnten eben nicht anders. Vor allem aber sollte sie uns dazu anregen, unseren Wissensstand infrage zu stellen, auf Basis dessen wir Entschlüsse fassen, und so viele Informationen wie möglich einzuholen. Was uns zu einem weiteren Phänomen führt, das Kahneman beschreibt: [117>]der *Außensicht.* Gemeint ist das Miteinbeziehen der Ergebnisse und Erfahrungen aus vergleichbaren Projekten. [<117] Die Außensicht kann uns wiederum vor Planungsfehlschlüssen schützen. [118>]Mit dem Begriff *Planungsfehlschluss* beschreibt Kahneman Prognosen oder Pläne, die unrealistisch optimistisch aufgestellt wurden und/oder besser hätten laufen können, wenn Daten aus ähnlichen Fällen miteinbezogen worden wären.[118 119] Die Außensicht ist allerdings keine Garantie für Genauigkeit oder Sicherheit. Sie dient nur dazu, einen Anhaltspunkt zu haben, um eine Situation realistischer einschätzen zu können. Ihr stellt sich wiederum die *Innensicht* in die Quere: Wir neigen dazu, Fakten zu ignorieren, selbst, wenn wir das Faktenwissen haben, und wir verlassen uns viel eher auf unsere eigene, ursprüngliche Einschätzung der Lage, als auf den Rat eines anderen. Wir missachten die Vergleichbarkeit unseres Projekts mit anderen Projekten und unterschätzen die Bedeutung des Wissens, das wir aus vergleichbaren Fällen ziehen könnten.[119] Wir verlassen uns also eher auf unsere eigene Einschätzung, anstatt Erfahrung und Wissen von außen zuzulassen – selbst, wenn wir unser Projekt damit vor die Wand fahren. Oder wie Kahneman es formuliert: [120]*„Im Wettstreit mit der Innensicht hat die Außensicht keine Chance."*[120] Neben *What you see is all there is* und dem Außensicht-Innensicht-Widerspruch beschreibt er noch ein drittes Phänomen, das uns beim Umgang mit bösartigen Problemen im Weg steht: unser [121]*„überzogenes Vertrauen in die Vorhersagbarkeit der Welt"*[121 122] Wir sehen die Welt geordneter, einfacher, vorhersagbarer und zusammenhängender, als sie ist: Aus der Illusion, die Vergangenheit verstanden zu haben, entsteht die Illusion, die Zukunft vorhersagen und kontrollieren zu können.[122 123] Rückblickend meinen wir oft, Dinge gewusst zu haben, die zu diesem Zeitpunkt noch nicht geschehen oder erwiesen waren. Dabei *wissen* wir immer erst im Nachhinein.[123]

Zur Unberechenbarkeit bösartiger Probleme gesellt sich also die Unzuverlässigkeit unseres eigenen Denkens. Ein vertracktes Problem bleibt ein vertracktes Problem und alle Vorsicht rettet uns nicht davor, dass unser Projekt scheitert oder sich zumindest nicht so entwickelt, wie wir uns das vorgestellt haben. Sie trägt höchstens dazu bei, dass die Chancen etwas besser stehen. Gelingt ein Projekt, scheint das mehr mit glücklichen Zufällen und/oder Beharrlichkeit zu tun zu haben. Wir sollten uns also vielleicht mit der Tatsache anfreunden, dass wir die Dinge nicht immer so unter Kontrolle haben, wie wir gerne glauben. Das klingt wie ein ziemlich düsteres Urteil in einer Welt, die vernetzter und komplexer ist als jemals zuvor und in der wir uns also auch komplexeren Problemen gegenübersehen als jemals zuvor. Gerade jetzt müssen wir doch die Kontrolle über die Dinge behalten – oder nicht?

GEWISSE UNGEWISSHEIT

Der dritte und letzte Punkt (zumindest in diesem Buch), der uns von einem besseren Umgang mit Komplexität trennt, ist unsere Abneigung gegenüber Ungewissheit. Dabei muss ein gewisses Maß an Ungewissheit nicht unbedingt etwas Schlechtes sein. Warum das so ist, erfahren wir von der [124>]Professorin Nancy Roberts, die sich in ihrer Forschung mit Design, strategischem Design, Terror-Netzwerken, Organisationswissenschaften und mit wicked problems beschäftigt.[<124] Dabei ist sie der Frage nachgegangen, wie wir denn nun mit diesen bösartigen Problemen umgehen können, und beschreibt drei verschiedene Strategien: autoritär, kompetitiv und kollaborativ. [125>]*Autoritäre Strategien* können angewendet werden, wenn die Macht in den Händen einer einzelnen Person oder einer kleinen Gruppe von Interessensvertretern liegt, die die Problemlösung übernimmt. Die anderen Beteiligten stimmen zu, die gefällten Entscheidungen zu akzeptieren. Ein Vorteil von autoritären Strategien ist ein schneller und wenig umstrittener Entscheidungsprozess dank weniger Beteiligter. Außerdem besteht die Möglichkeit einer professionelleren und objektiveren Problemlösung durch Experten. Nachteile sind, dass sich auch Experten im Bezug auf Problem und Lösung irren können und dass es durch die konzentrierte Entscheidungsmacht zu einer Distanzierung der anderen Beteiligten von wichtigen Angelegenheiten kommen kann.[<125] [126>]*Kompetitive Strategien* können angewendet werden, wenn die Macht unter mehreren Interessensvertretern verteilt aber umstritten ist. Hierbei geht es um die Ansammlung von Macht und den Sieg über Wettbewerber, um so in die Position zu kommen, von der aus Problem und Lösung nach den eigenen Vorstellungen definiert werden können. Vorteile von kompetitiven Strategien können die Entwicklung neuer Ideen durch Wettbewerb sein und die Verhinderung der Etablierung eines einzelnen Machthabers durch den Wettbewerb und Wechsel zwischen verschiedenen Machthabern. Kompetitive Strategien können aber im Extremfall zu Gewalt und Krieg führen und Ressourcen für den Wettstreit verbrauchen, die stattdessen direkt in die Lösung des Problems hätten fließen können.[126] Also liegt die Macht entweder in den Händen einiger weniger, deren Entscheidungen sich alle anderen (zu) fügen (haben). Oder mehrere (potentielle) Machthaber streiten sich darum, wer nun das Sagen hat. So weit, so vertraut – zumindest in der Theorie. Aber jetzt wird es interessant für uns und den Umgang mit unserer komplexen Welt, denn Roberts beschreibt noch eine weitere Möglichkeit. [127] *Kollaborative Strategien* können angewendet werden, wenn die Macht unter mehreren Interessensvertretern verteilt und dabei *nicht* umstritten ist. Es geht um Zusammenarbeit zum Wohle aller und es wird die Ansicht vertreten, dass wir gemeinsam mehr erreichen können als alleine. Kollaborative Strategien sind von Vorteil, da Risiken von mehreren Akteuren getragen werden, durch Zusammenarbeit bessere Produkte und Dienstleistungen entstehen können und Arbeit effizienter verteilt werden kann. Nachteile sind ein deutlich höherer Verwaltungs- und Abspracheaufwand, dass sich Zusammenarbeit zwischen starr hierarchisierten Strukturen schwierig gestaltet, weil sie Beteiligung und teambasierte Lösungen und Entscheidungen begrenzen, und die Gefahr, dass aus dem Dialog ein Konflikt entsteht und alle bisher investierte Arbeit vergeudet war. Es besteht keine Garantie für ein zufriedenstellendes Ergebnis für jeden.[127] Wenn das mal nicht nach meiner Erfahrung mit der Spielplatzplanung klingt.

Alle drei Strategien sind prinzipiell nichts Neues für uns. Nur erscheinen uns kollaborative Strategien vielleicht utopisch, weil wir in Bereichen wie Politik, Wirtschaft und Bildung immer noch eher autoritäre oder kompetitive Strategien beobachten und öfter ein Gegeneinander als ein Miteinander sehen. Dabei liegt gerade in Zusammenarbeit und einer Offenheit fürs Ungewisse reichlich Veränderungs- und Verbesserungs-Kraft für unsere komplexe Welt. Wie das aussehen kann, beschreibt Nancy Roberts in einem Artikel aus dem Jahr 2000 am Beispiel eines Vorhabens der Vereinten Nationen im von Krieg und Krisen gebeutelten Afghanistan. [128] Die Idee war es, mit Hilfe kollaborativer Strategien ein

Konzept zur Hilfe und Entwicklung in Krisengebieten zu erarbeiten – ein innovatives, mutiges und neues Vorhaben für die UN. Geplant waren unter anderem Maßnahmen zum Teambuilding, ein Workshop mit allen Interessensvertretern, die Beratung mit lokalen Führern und Agenturen sowie schließlich die Erarbeitung eines strategischen Konzepts. Zunächst schien einiges schiefzugehen. Aufgrund des anhaltenden Kriegs verschob sich das Projekt so weit nach hinten, dass für den ursprünglichen Plan wenig Zeit blieb und auch das Zeitfenster, in dem die Mitglieder des Projektteams verfügbar waren, eng wurde. Maßnahmen wurden nicht umgesetzt und viel Aufwand floss in die Aufrechterhaltung der politischen Unterstützung seitens der UN. Das Team war über die ganze Welt verteilt und erschien teilweise erst, während der Workshop schon in Gang war, sodass Rollenverteilungen unklar blieben. Aus Sicherheitsgründen musste der Workshop nach Pakistan verlegt werden, sodass weder die Workshopleitung – Nancy Roberts selbst – noch die Workshopteilnehmer anständig vorbereitet waren. Der Workshop an sich lief dafür erstaunlich produktiv. Zu Beginn erschienen 80 Teilnehmer aus UN, Geberländern, afghanischen und internationalen NGOs und dem Roten Kreuz. Gemeinsam wurden strukturiert, respektvoll und demokratisch wichtige Themen gesammelt, selektiert und bearbeitet. Die Zusammenarbeit geriet dann erst wieder bei der Aufbereitung der Ergebnisse und dem Erstellen des Konzepts durch die Mitarbeiter der UN ins Wanken. Unklare Rollenverteilungen und Unstimmigkeiten führten zu Spannungen und dazu, dass das Schreiben zu einer Qual für alle Beteiligten wurde. Trotz der ganzen Probleme des Projekts auf politischer und Teamebene gab es jedoch beeindruckende Ergebnisse in Afghanistan selbst. Interessensvertreter trafen sich über das nächste Jahr nach dem Projekt sowohl auf regionaler als auf nationaler Ebene. Neue Beziehungen entwickelten sich, NGOs, die vorher nicht involviert waren, brachten sich ein und es wurde ein System erarbeitet, nach dem nur solche Aktivitäten finanziert wurden, die gemeinsame Bemühungen unterstützten. Der Workshop hatte die Grundlage für all das gelegt und half letztlich der Politik zu erkennen, dass die politische Strategie und die Strategie zur Hilfe und Entwicklung miteinander verbunden werden mussten.[128] Roberts zieht aus den Erfahrungen und

Ereignissen in Afghanistan einige zentrale Erkentnisse für einen besseren Umgang mit bösartigen Problemen:

Wir hoffen auf Verbesserung.

[129>]Wenn wir die Nachteile von autoritären und kompetitiven Strategien kennen, sind wir eher gewillt, uns auf die Unsicherheit und den zusätzlichen Abstimmungsaufwand einzulassen, den kollaborative Strategien mit sich bringen – in der Hoffnung, dass etwas Besseres daraus entstehen kann.[<129] Wir wollen es besser machen. Nicht über die Köpfe der Beteiligten hinweg entscheiden, sondern mit ihnen gemeinsam. Dass das nicht so reibungslos läuft, wie wir es gerne hätten, und viel Aufwand und Geduld erfordert, liegt in der Natur der Sache und sollte uns nicht zur Verzweiflung treiben.

Wir sollten mit Problemen rechnen.

Ähnlich, wie Hans Rosling dazu rät, für einen gelasseneren Umgang mit schlechten Nachrichten damit zu rechnen, dass schlechte Nachrichten kommen (siehe S. 39), [130>]rät Nancy Roberts dazu, im Umgang mit komplexen Problemen damit zu rechnen, dass nicht alles glatt laufen wird. Die Probleme, die nach dem erfolgreichen Workshop in der Zusammenarbeit des Projektteams auftraten, waren laut Roberts zu erwarten. Die Teammitglieder waren Experten in unterschiedlichsten Gebieten mit unterschiedlichsten Weltanschauungen und ebenso unterschiedlichen Vorstellungen davon, wie das Problem definiert zu werden und seine Lösung auszusehen hatte. Fälschlicherweise gingen sie auch davon aus, dass sie ohne große Probleme die Erkenntnisse des Workshops im Nachhinein zu einem Konzept umformen konnten, obwohl sie teilweise nicht einmal beim Workshop dabei waren.[<130] Wenn wir stattdessen mit Problemen rechnen, kann uns das helfen, vorsichtiger in der Planung zu sein und mehr Puffer für Ungewissheiten einzurechnen. Wenn von vorneherein damit rechnen, dass wir mit allem rechnen müssen, sind wir gefasster auf unerwartete Probleme und möglicherweise schneller in der Lage, zu reagieren. So können wir uns die Zeit sparen, die wir in Schockstarre darüber verharren, dass etwas schiefgelaufen ist, und sie in die Lösung des Problems stecken.

Wir sollten eine gemeinsame Basis schaffen.

[131>] Nancy Roberts beschreibt es mit den Worten: *„Kriegen Sie das ganze System in den Raum"*. Bösartige Probleme werden sozial definiert. Das heißt, jeder Interessensvertreter hat seine eigene Sicht auf die Dinge. Um Zusammenarbeit zu ermöglichen, kann es helfen, alle Interessensvertreter zusammenzubringen, sodass sie sich austauschen und die Sichtweisen der anderen verstehen können. Die Schwierigkeit dabei ist, die Interessensvertreter erst einmal zu identifizieren und eine geeignete Tagesordnung aufzustellen. Außerdem kann es sein, dass die Beteiligten ungeduldig sind und schnell zu einer Lösung kommen wollen und sich auf ihre Differenzen konzentrieren. Die Herausforderung an dieser Stelle besteht darin, zu vermitteln, dass es um die Vermeidung von Konflikten und die Suche nach Gemeinsamkeiten geht. [<131] Bevor es also um die gemeinsame Lösung eines Problems gehen kann, geht es erst einmal um die Bildung einer Interessensgemeinschaft, die überhaupt erst in der Lage ist, gemeinsam ein Problem zu lösen. Wenn wir komplexe Probleme wirklich *gemeinsam* lösen wollen, ist das unser Ausgangspunkt. Natürlich gestaltet sich das umso schwieriger, je komplexer die Probleme sind und je größer die Anzahl der Interessensvertreter ist. Es kann unmöglich jeder Einzelne beteiligt werden. Dann gibt es Vertreter und Vertreter von Vertretern und vielleicht läuft es dann doch auf eine Mischung aus den autoritären, kompetitiven und kollaborativen Strategien hinaus. Nichtsdestotrotz lohnt sich jeder Versuch, die Basis für eine Interessensgemeinschaft aufzubauen und zu erhalten. Denn er bringt uns einer möglichst guten Lösung für alle Beteiligte am nächsten.

Wir sollten uns auf offene Prozesse einlassen.

[132>] Aufgrund der äußeren Umstände (Krieg, zeitliche Verschiebung, kaum Vorbereitungszeit) musste der Workshop ein sich selbst organisierendes System werden. Das bedeutet, dass sowohl Nancy Roberts als Workshopleiterin als auch die Arbeitsgruppen selbst zwar Richtlinien für die Zusammenarbeit aufstellten, auf die sich alle Teilnehmer einigten. Aber all das passte sich an den Verlauf des Workshops, die Zusammenarbeit und neue Ereignisse und Erkenntnisse an. Der Workshop musste die ganze Zeit über sehr flexibel und anpassungsfähig bleiben.‹132 Wenn wir uns hauptsächlich auf Ziele, Ergebnisse und Erfolge konzentrieren, verlieren wir unter Umständen den Weg dorthin aus dem Blick. Wenn wir uns dafür mehr auf den Weg konzentrieren und auf einen Entwicklungs- und Entstehungsprozess einlassen, werden Ziele, Ergebnisse und Erfolge erst möglich. Erst dann nehmen sie überhaupt Form an und rücken in erreichbare Nähe.

> *„Letztlich lernen wir, dass die Teilnahme in solch gemeinsamen Vorhaben einen Akt des Glaubens erfordert. Er beginnt mit der Hoffnung, dass es einen besseren Weg gibt, Dinge zu tun, der Erkenntnis, dass Fehlschläge möglich sind, und der Bereitschaft, ‚dem Prozess zu vertrauen‘ – ohne eine Garantie für ein bestimmtes Ergebnis. Er wird erhalten von persönlichen Reserven, die Menschen dazu befähigen, ruhig und zentriert zu bleiben im Angesicht des Unbekannten und Unkennbaren.“*
>
> Nancy Roberts [133]

BESSER UMGEHEN MIT BÖSARTIGEN PROBLEMEN

Wir wissen also jetzt, dass wir eigentlich nichts mit Sicherheit wissen können. Dafür haben wir einiges dazugelernt. Für einen *besseren* Umgang mit sogenannten bösartigen, komplexen Problemen hilft es uns zu begreifen, dass es keinen *richtigen* Umgang mit solchen Problemen gibt. Stattdessen können wir unsere Einstellung und unsere Perspektive auf

derung
ss *irgendwo*
angen dürfen
d braucht die
Möglichkeit,
aus Fehlern
zu lernen.

die Dinge verändern. Bei komplexen Problemen ist der Gang Richtung Ziel wichtiger als das Erreichen des Ziels. Dabei sollten wir uns einmal mehr bewusst machen, dass unser Kopf ein Einzelgänger ist, der gerne hilfreiche Fakten und die Expertise anderer ignoriert. Und uns öffnen für das Abenteuer wirklich gemeinschaftlicher Lösungsprozesse, bei denen der Prozess Teil der Lösung sein kann, weil die Lösung erst im Prozess entsteht. Die Fäden haben wir dabei nie vollständig in der Hand. Und das ist okay so, denn es geht gar nicht anders. Die Frage ist, wie wir damit umgehen. Eine *Gewissheit der Ungewissheit* ist eine sehr wertvolle Eigenschaft für den Umgang mit Komplexität und Zukunftsfragen. Dann wird ein scheinbar gescheitertes Studienprojekt rückblickend zu einer ziemlich guten Sache, bei der wir versucht haben, verschiedene Menschen rund um einen Spielplatz an einen Tisch zu bringen. Auf der Suche nach einem gemeinsamen Anfang, nach Verbesserung und einer möglichst guten Lösung für alle.

WIRKSAMKEIT

Warum wir glauben, nichts ausrichten zu können,
warum eine Lösung nicht perfekt sein muss und warum
wir die Welt gar nicht nicht verändern können

Das Gefühl, unser Handeln wäre nur der Tropfen auf den heißen Stein, ist nicht gerade motivierend. Das Schlüsselwort an dieser Stelle ist [134>]*Selbstwirksamkeit:* die Gewissheit, dass wir neue oder schwierige Anforderungen, die Anstrengung und Ausdauer erfordern, durch eigene Fähigkeiten lösen können.[<134 135>] Selbstwirksamkeit kann sogar wichtiger für unser Engagement sein als unser Wissen über die Themen, um die es geht.[<135 136>] Kollektive Selbstwirksamkeit, also das Gefühl, in der Gruppe etwas erreichen zu können, kann z. B. umweltschützendes Verhalten stärker beeinflussen als individuelle Selbstwirksamkeit.[<136] Wenn wir also schon nicht an die Wirksamkeit unserer eigenen Handlungen glauben, können wir in der Gruppe trotzdem das Gefühl haben, etwas zu bewegen. Selbstwirksamkeit ist also ein wichtiger Faktor, wenn es ums Weltverbessern geht, da unser Engagement für die Sache davon abhängt, ob wir das Gefühl haben, dass es etwas bringt. Ironischerweise bietet gerade das weite Feld des Weltverbesserns reichlich Nährboden für Zweifel, was die Wirksamkeit des eigenen Handelns angeht. Werfen wir auch hier einen genaueren Blick auf die Ursachen für solche Zweifel, um sie uns bewusst und damit unschädlicher für unsere Motivation zu machen.

Fehlendes Feedback und das Gefühl, immer noch mehr tun zu können
Seien es die Unterstützung einer gemeinnützigen Organisation, bestimmte Konsumentscheidungen, die wir treffen, oder auch die Spende an einen Obdachlosen: In vielen Situationen können wir kein direktes Feedback einholen und eine Recherche der tatsächlichen Auswirkungen des eigenen Verhaltens wäre unverhältnismäßig aufwendig oder sogar unmöglich. Oft müssen wir uns damit begnügen, nach bestem Wissen und Gewissen zu handeln und darauf hoffen, dass wir tatsächlich zu Verbesserung beitragen. Wir müssen z. B. dem Anbieter regional, ökologisch

oder fair hergestellter Produkte glauben, dass die Produkte tatsächlich regional, ökologisch oder fair hergestellt wurden. Wobei sich nicht nur die Frage stellt, ob die versprochenen Regelungen eingehalten werden, sondern auch, ob diese Regelungen mit unserer Vorstellung von regional, ökologisch oder fair übereinstimmen. Natürlich können wir uns informieren, nachforschen, vergleichen und nachfragen. Ab einem gewissen Punkt kann die Optimierung des Engagements allerdings zum Fulltimejob werden. Also finden wir vielleicht lieber eine Balance aus Kontrolle und Effektivität – so drehen wir nicht nur den eigenen Stresspegel runter, sondern bewirken auch noch mehr, weil wir mehr Zeit ins Machen und weniger Zeit ins Zweifeln investieren. Auch hier kommt uns wieder unsere Vorstellung davon in die Quere, wie Veränderung aussehen und was unser Ziel sein sollte. Es muss nichts Drastisches sein, mit dem wir die Welt verändern. Wenn wir unseren Konsum, unser Verhalten oder unser Engagement langfristig und kontinuierlich verändern und einsetzen, bewirken wir viel mehr als mit einmaligen, scheinbar großen Aktionen. Dieses fehlende Feedback kann sich unterschiedlich auswirken: Entweder wir sparen uns die Mühe des Engagements gleich, weil wir davon ausgehen, es brächte ohnehin nichts. Oder aber wir fühlen uns schlecht, weil wir das Gefühl haben, wir könnten mehr tun und dass wir vielleicht immer noch nicht gut genug handeln. Dabei vergessen wir manchmal, was wir schon längst alles machen. Wenn wir uns einen Moment nehmen und an all das denken, was wir schon tun, um zu Verbesserung beizutragen, stellen wir wahrscheinlich fest, dass das eine ganze Menge ist. Und es ist nur logisch, anzunehmen, dass wir mehr bewirken können, wenn wir es versuchen, als wenn wir es nicht versuchen. Wir können unser Handeln jederzeit nach bestem Wissen und Gewissen verändern und anpassen. Und wenn wir alle nach bestem Wissen und Gewissen handeln, sind das eine ganze Menge potentieller guter Taten.

Die Ganz-oder-gar-nicht-Einstellung
oder der Vorwurf der fehlenden Konsequenz

Diese Einstellung kann uns sowohl von innen als auch von außen den Spaß an Veränderung verderben. Vielleicht kommen uns Gedanken oder Aussagen wie die folgenden bekannt vor:

Eigentlich ist uns Nachhaltigkeit sehr wichtig, aber wir würden auch so gern reisen und etwas von der Welt sehen.

Elektroautos retten jetzt auch nicht die Welt.

Wenn du Vegetarier bist, warum verzichtest du dann nicht auch auf Eier, Milch und Käse?

Diese Einstellung ist ein wunderschönes Beispiel dafür, wie sich unser Instinkt der Negativität von seiner besten Seite zeigt: Wir machen uns selbst oder andere dafür nieder, dass sich zwar um Verbesserung bemüht wird, dass dabei aber immer noch einiges besser gemacht werden könnte. Als Ergebnis fühlen wir uns schlecht, *obwohl* wir versuchen, Dinge besser zu machen. Oder wir fangen mit dem Verbessern gar nicht erst an, weil es *die* Lösung nicht gibt. Dabei geht es gar nicht darum, die Welt mit wenig fliegen, Elektroautos oder vegetarischer Ernährung zu retten. Es geht darum, Wege zu finden, Alternativen auszuprobieren und offen zu bleiben für neue Erkenntnisse und Veränderungen – und so Verbesserung zu gestalten. Das ist in jedem Fall besser, als Teil einer Monokultur an Verhaltensweisen zu bleiben und auf eine ideale Lösung auf dem Silbertablett zu warten. Es muss nicht schwarz oder weiß sein. Es gibt kein Richtig oder Falsch. Und Engagement ist nicht erst dann gerechtfertigt und wirksam, wenn es 100%ig ist. Wenn wir weniger fliegen und uns in anderen Bereichen unseres Lebens für Nachhaltigkeit engagieren, macht das die Male nicht wett, die wir dann doch fliegen – aber diese Flüge machen auch nicht unser sonstiges Engagement zunichte. Wenn wir uns für ein Elektroauto entscheiden, ist das keine 100%ig nachhaltige Lösung – aber ein Schritt in Richtung erneuerbare Energien. Wenn wir auf Fleisch verzichten oder unseren Konsum nur schon bewusster gestalten, tragen wir nicht länger zum Tierleid in der Massentierhaltung bei und schonen unsere natürlichen Ressourcen. Wir können aufrichtig für Nachhaltigkeit engagiert sein und trotzdem unnachhaltige Dinge wol-

len. Besser und mehr geht immer. Aber irgendwo müssen wir anfangen
dürfen. Genauso sollten wir Dinge in Frage stellen dürfen, auch wenn wir
selbst noch keine bessere Antwort gefunden haben. Anders zu handeln
beginnt damit, anders zu denken, und wenn wir erst dann anders denken
dürfen (auch laut), wenn wir schon anders handeln, wie sollen wir dann
dazu kommen, anders zu handeln? Es geht darum, dass wir ein Bewusstsein entwickeln für die Auswirkungen unserer Handlungen und es geht
um unsere Verantwortung gegenüber unseren Mitmenschen und unserer
Umwelt, die unsere Handlungsmacht mit sich bringt. Uns selbst und
andere zu hinterfragen kann sehr wertvoll und wichtig sein, um mögliche Widersprüche, Fehler oder Verbesserungspotential aufzuzeigen.
Aber ähnlich wie beim Umgang mit Nachrichten geht es auch hier um die
Frage nach dem *Warum* und *Wozu*. Kritik hilft uns nur dann weiter, wenn
sie konstruktiv ist. Eine Vorwurfskultur steht uns dagegen im Weg. Ironischerweise verbirgt sich in jeder Kritik und jeder skeptischen Äußerung
auch die Hoffnung auf Verbesserung, wie der Soziologieprofessor Gerhard
Schulze schreibt: [137>]*„[...] geht man der Klage über die Dummheit der Menschen auf den Grund, stößt man überraschenderweise auf den eingewurzel-
ten Glauben an ihre Lernfähigkeit. Dieser Glaube verbirgt sich noch hinter der
schwärzesten Prognose. Denn der objektive Sinn jeder Kulturkritik, unabhängig von den persönlichen Motiven der Warner, besteht darin, Lernprozesse in
Gang zu bringen oder zu beeinflussen. [...] Etwas für schlecht zu halten und
diese Meinung öffentlich zu äußern bedeutet immer auch Aufforderung zu
etwas anderem."*[<137] Und wenn wir Missstände kritisieren und gleichzeitig
Verbesserungsvorschläge als naiv oder utopisch abtun, haben wir unsere
Kritik nicht zu Ende gedacht: [138>]*„Die Denkhemmung spiegelt das philoso-
phische Schamgefühl einer reflexiv nur halb gereiften Kultur wider, die zwar
ihrer eigenen Fehlerhaftigkeit mehr und mehr auf die Spur gekommen ist, der
jedoch der nächste Reifungsschritt noch bevorsteht: davon wegzukommen,
Fortschrittshoffnungen als Obszönität zu begreifen."*[<138] Also lasst uns nach-
sichtig mit uns selbst und anderen sein: Wir können und müssen jetzt
nicht alles wissen und richtig machen. Lasst uns offen dafür bleiben, Neues dazuzulernen und die eigenen Entscheidungen entsprechend anzupassen. Lasst uns eine offene Veränderungskultur fördern, in der es weniger

um Kritik, richtig oder falsch und absolute Lösungen geht. Und vielmehr darum, das zu honorieren, was schon getan wird, und gemeinsam nach Lösungen zu suchen.

> *„Draußen im Regenwald lernt man, wie alles miteinander verbunden ist, und jede kleine Spezies, mag sie noch so unbedeutend erscheinen, ihre Rolle spielt in diesem Bilderteppich des Lebens. [...] Jedes einzelne Individuum ist von Bedeutung. Jedes einzelne Individuum hat irgendeinen Einfluss auf den Planeten, jeden einzelnen Tag. Und wir haben eine Wahl, welche Art von Unterschied wir machen werden.“*
>
> *Jane Goodall* [139]

Zweifel an der Wirksamkeit kleiner Taten weniger Menschen

Was bringt es schon, wenn *ich* den Müll trenne/bewusst konsumiere/ mich sozial engagiere? Solange die anderen nicht mitmachen? Solange große Institutionen mit viel Macht nicht mitziehen? Solange die Systeme sich nicht ändern? Dabei wissen wir doch eigentlich, wie viel Macht die Summe aller kleinen Teile hat. Und dabei rede ich nicht nur von den Greta Thunbergs dieser Welt. Wenn das Handeln einer Person in kurzer Zeit eine ganze, in dem Fall weltweite, Bewegung nach sich zieht, ist das ein eher außergewöhnliches Phänomen und ein wunderschönes Beispiel für das Potential der Wirksamkeit einer einzelnen Person. Aber es hilft uns bei unserer alltäglichen Selbstwirksamkeit eher wenig weiter. Was ich meine, ist wirklich die Bedeutung jedes Einzelnen von uns. Für wen wird der ganze Aufwand betrieben, wenn nicht für uns alle? Für wen wird so viel Energie erzeugt, werden so viele Ressourcen gefördert, wird so viel Ware produziert und transportiert? Alles endet bei uns. Wenn wir also unser Verhalten ändern, müssen sich die Systeme mit uns ändern.

[140>]Marcel Hunecke, Professor für Psychologie, sagt, dass politische und ökonomische Steuerungselemente allein bisher nicht ausgereicht haben, um einen nachhaltigen Ressourcenverbrauch in den früh industrialisierten Ländern zu erreichen. Und dass hierzu ein kultureller Wandel notwendig ist, der nicht zentral steuerbar ist, sondern aus freiwilliger und aktiver Beteiligung möglichst vieler eigenständig denkender und handelnder Bürger besteht.[<140] Natürlich macht es einen Unterschied bei Veränderung, ob einige wenige oder viele an einem Strang ziehen. Dabei geht es aber nicht um ein Entweder-oder. Es sind nicht die Großen *oder* die Kleinen, viele *oder* wenige, Politik *oder* Wirtschaft *oder* Gesellschaft, die den Unterschied machen. *Es ist eine Kombination aus allem.* Veränderung fängt nicht erst an, wenn alle sich einig sind. Warten wir auf Möglichkeiten oder fangen wir an, Möglichkeiten zu schaffen? Je mehr Menschen bewusst und verantwortungsvoll konsumieren, desto mehr Angebote für diesen Konsum wird es geben. Je mehr Angebote es gibt, desto mehr Menschen werden entsprechend konsumieren. Alle Seiten beeinflussen sich gegenseitig. Genauso, wie wir Probleme möglichst ganzheitlich betrachten sollten, sollten wir auch Lösungen möglichst ganzheitlich betrachten. Wenn wir nur eine Sache verändern oder nur wenige mitmachen, mag das nicht viel bewirken. Aber wenn viele Menschen viele verschiedene Dinge verändern, bewirkt das eine Menge. Also ergibt es Sinn, an allen Seiten zu arbeiten – auch an den scheinbar kleinen. Und wenn wir trotz all diesem Wissen immer noch nicht das Gefühl loswerden, dass alles nichts bringt, dann kann unser eigener scheinbar kleiner Handlungsspielraum auch ein Trost sein. Denn den haben wir selbst in der Hand, egal, wie sehr die komplexen Probleme in der Welt uns abschrecken oder sich weigern mögen, auf unser Tun zu reagieren. In unserem eigenen Handlungsspielraum haben wir maximale Kontrolle. Wirklich ironisch an all den Zweifeln an unserer Selbstwirksamkeit ist: Wir können die Welt gar nicht *nicht* verändern. Wir beeinflussen sie mit unserer Art zu leben so oder so, auf die ein oder andere Weise. Die Frage ist, ob wir diesen Einfluss bewusst gestalten oder nicht. Wir stehen bei jeder Entscheidung vor einer Waage. Die eine Waagschale bedeutet Verbesserung der aktuellen Situation, die andere bedeutet Verschlechterung. Entweder, wir handeln unbedacht und legen unser Gewicht blind ab – ohne zu wissen, auf welche Seite. Oder wir handeln mit offenen Augen und nach bestem Wissen und Gewissen.

MÄCHTIG
OHNMÄCHTIG

Warum Macht ein Konstrukt ist, das im Kopf beginnt,
warum gute Experten nicht auf alles eine Antwort haben
und warum es gut ist, Fehler zu machen

Wenn es nicht bösartige Probleme oder Zweifel an der eigenen Selbstwirksamkeit sind, die unserer Motivation beim Engagement für eine bessere Welt im Weg stehen, dann ist es die Vorstellung, dass wir nicht genug Macht, Einfluss oder Expertise hätten. Dabei ist Macht ein Konstrukt, das in unseren Köpfen beginnt. [141>]Horst Rittel schreibt in *Planen, Entwerfen, Design* davon, wie gerne Menschen verallgemeinern und Institutionen, Ämter und Gruppierungen statt der Individuen sehen, die dahinterstecken. So entstehen Gebilde wie *die Gesellschaft, die Grünen, die Technik* oder *der Staat*. Diese Abstraktion geschieht wegen unseren *„Bedürfnis[ses] zur Vereinfachung der Welt"*. Sie erleichtert es uns, die Welt scheinbar zu verstehen und festzulegen, wessen Seite wir ergreifen und gegen wen wir uns positionieren. [<141] Die Gedanken sind ähnlich wie bei Hans Roslings Instinkten der Kluft (wir unterscheiden zwischen *die* und *wir*) und der Schuldzuweisung (wir suchen einen Sündenbock und übersehen dabei die komplexere Wahrheit und die verantwortlichen Systeme, die dahinterstehen). Solche Abstraktionen sind zwar natürlich und notwendig, damit wir die Welt um uns herum begreifen können. [142>]Sie haben aber auch (mindestens) einen entscheidenden Nachteil: Abstrakte Gebilde können wir nicht zur Verantwortung ziehen, wir können nicht mit ihnen argumentieren, sie nicht beeinflussen und keine gemeinsame Lösung mit ihnen entwickeln. [<142] Sie sind sozusagen unantastbar. Dabei stehen auch hinter solchen Gebilden nur Menschen, die ebenso menschliche Ziele und Beweggründe haben. [143>]Rittel beschreibt das Beispiel des Politikers, dem die nächste Wiederwahl wichtiger ist als das langfristige Wohlergehen der Menschen: *„Mit dem Mandat überkommt einen Politiker nicht automatisch der reine Altruismus."*. Auch politische Skandale zeigen, dass hinter Machtpositionen nur Menschen stehen, die Fehler machen können. Es zeigt sich ein *„Abgrund ganz ordinärer Menschlichkeit"*.[143] Das hilft uns noch nicht weiter, denn natürlich wären uns altruistische Politiker lieber. Aber die Erkenntnis, dass auch hinter abstrakten Gebilden nur Menschen stehen, lässt uns über das Feindbild in unseren Köpfen hinwegsehen und öffnet unseren Blick nicht nur für Fehlverhalten, sondern auch für Verständnis und Möglichkeiten. Politik, Wirtschaft, große Konzerne, Fleisch-, Öl-, Chemie-, Pharma- und Bekleidungsindustrie – sie alle werden nicht gesteuert von Bösewichten, die die Welt zu Grunde richten und sich durch das Leid anderer bereichern wollen. Es gibt immer Idioten, die zu viel Einfluss haben, den sie gegen das Gemeinwohl einsetzen. Aber das sind Ausnahmen. Die meisten von uns leben ihr Leben, versuchen, das Beste daraus zu machen, und wollen niemandem etwas Böses. Viele Dinge, die heute auf der Welt schief laufen, haben sich aus dem Versuch der Verbesserung heraus entwickelt. Massentierhaltung, Konsumwahn und Ausbeutung sind die Ergebnisse des ins Absurde gesteigerten Versuchs, unser Leben besser und angenehmer zu gestalten. Erinnern wir uns an die Shifting Baselines: Anstatt böser Absichten ist es viel wahrscheinlicher, dass jede Generation auf die Entwicklung der Generation davor aufgebaut hat. In vielen Bereichen sind wir dabei übers Ziel hinausgeschossen, was von Anfang an niemand hätte ahnen können und was niemand so geplant hat. Jetzt heißt es, diese Fehlentwicklungen zu erkennen und gegenzusteuern. Wenn wir für Verschlechterung sorgen können, können wir auch für Verbesserung sorgen. Wenn wir das begreifen, können wir so viel mehr erreichen. Dann sehen wir nicht nur, was schiefläuft, sondern auch, was schon getan wird, um die Situation zu verbessern. Und wir sehen, dass wir selbst nicht nur hilflos am Rand stehen, sondern uns einbringen können. Damit will ich nicht sagen, es sei ein Kinderspiel, abstrakte Machtgebilde zu beeinflussen. Macht mag in unseren Köpfen beginnen, sie bringt aber reale Hindernisse und Konsequenzen mit sich. Wenn wir aber die Menschlichkeit hinter abstrakten Machtgebilden sehen, fühlen wir uns vielleicht weniger ohnmächtig, fremdbestimmt in einem unabänderlichen Schicksal gefangen, und erkennen stattdessen unsere eigene Wirksamkeit und die von allen anderen. Es sind nicht nur einige wenige Personen in Machtpositionen, die die Möglichkeit haben,

Es geht n
darum, *keine*
hinterlassen
bewusst z
welche S
hinte
wo

unsere gemeinsame Zukunft zu gestalten, sondern wir alle. Wir haben ein Mitspracherecht, wenn es um unsere Zukunft geht, und das können und sollten wir nutzen.

Aber was, wenn es nicht nur das Gefühl von Ohnmacht ist, das uns davon abhält, aktiv zu werden? Wir neigen gerne mal dazu, anderen das Entscheiden und Handeln zu überlassen. Und das nicht nur aus Bequemlichkeit, sondern auch aus Unsicherheit. Wir wissen doch auch nicht, wie wir es besser machen könnten, wie die Lösung für das Problem aussehen kann. Wir haben schon aus dem Umgang mit bösartigen Problemen gelernt, dass in einer gewissen Ungewissheit auch eine Stärke liegen kann. Das gilt nicht nur für den Umgang mit Komplexität, sondern speziell auch für Zukunftsfragen, wie eine Studienreihe des Psychologen Philip Tetlock über Vorhersagen zeigt. [144>]Die erste der besagten Studien begann in den 1980ern und lief über 20 Jahre. Dabei traten mehrere hundert Analysten, Kolumnisten, Akademiker und Laien in Vorhersage-Turnieren gegeneinander an. Die zu beantwortenden Fragen wurden ganz konkret gestellt und lauteten z. B.: *„Wird Russland innerhalb der nächsten drei Monate weitere Gebiete der Ukraine annektieren?"* oder *„Wie viele zusätzliche Länder werden in den nächsten acht Monaten Fälle des Ebola-Virus melden?".* Am Ende hatte man 28.000 Vorhersagen zusammen. Das Turnier wurde zwischen 2011 und 2015 erneut von Tetlock gemeinsam mit der Psychologin Barbara Mellers durchgeführt. Diesmal traten mehrere tausend Teilnehmer gegeneinander an. Beide Male kamen sie zur gleichen Erkenntnis: Diejenigen, die keine Ungewissheiten zuließen, schnitten am schlechtesten ab, während diejenigen, die offen für Ungewissheiten blieben, am besten abschnitten.* Diejenigen, die am schlechtesten abschnitten, passten ihre Vorhersagen ihren eigenen Idealen an. Komplexe Probleme zwängten sie in bevorzugte Ursache-Wirkung-Sche-

---

* Bei den Vorhersage-Turnieren wurden die Prognostiker nicht nach einer einzigen Vorhersage bewertet, die sich als falsch oder richtig herausstellte. Stattdessen wurden *alle* Vorhersagen eines Prognostikers mit den dazugehörigen Ergebnissen verglichen. Außerdem galt nicht nur, ob die Prognose zutraf oder nicht (auch eine 50:50-Prognose kann zutreffen), sondern *wie genau* sie zutraf. (siehe Quelle D im Quellenverzeichnis)

mata und alles, was nicht in diese Schemata passte, taten sie als unwichtig ab. Sie waren am Ende überzeugter von den eigenen Vorhersagen, beschrieben Dinge als *unmöglich* oder *sicher* und hielten an ihren Überzeugungen selbst dann noch fest, wenn die Vorhersagen sich als falsch herausstellten.[144] Dass Experten-Aussagen nicht so objektiv, neutral und wahr sein müssen, wie wir manchmal annehmen, stellt auch Horst Rittel fest.[145] Ein Befund oder eine Zukunftsprognose können sich auch nach den Vorlieben der Auftraggeber oder Kooperationspartner richten oder auch nach den eigenen Ansichten des Experten, sodass „*vorwissenschaftliche Vorurteile*" entstehen.[145] Hier spiegeln sich auch Hans Roslings *Instinkt der einzigen Perspektive* (Wir bevorzugen einfache Ursachen und Lösungen, die eingänglich sind und schnell das Gefühl vermitteln, wir hätten eine Sachlage verstanden.) und Daniel Kahnemans Innen- und Außensicht wider (Wir verlassen uns eher auf die eigene Einschätzung und neigen dazu, Fakten zu ignorieren.).[146] Im Vergleich zu solch einer beschränkten Perspektive macht ein Blick aus mehreren Winkeln ein angemesseneres Verständnis eines Problems und seiner Lösungen möglich.[146][147] Diejenigen, die in der Studie am besten abschnitten, gingen pragmatisch vor und nutzten viele analytische Werkzeuge, die sie je nach Problem auswählten. Sie sammelten so viele Informationen von unterschiedlichen Quellen, wie sie konnten, und sprachen von *Möglichkeiten* und *Wahrscheinlichkeiten,* anstatt von *Sicherheiten.* Sie waren eher bereit dazu, Fehler einzugestehen und ihre Ansichten zu ändern. Psychologen bezeichnen solche Menschen als offen für Erfahrung. Sie sprechen ihnen intellektuelle Neugier und ein Gefallen an Vielfalt zu, ein Bedürfnis nach Erkenntnissen, die Freude an intellektueller Aktivität und die Wertschätzung von Unsicherheit und verschiedenen Ansichten.[147]

Eigentlich ist es nur logisch: Wenn wir es mit einer sehr komplexen Frage- oder Problemstellung zu tun haben, können wir davon ausgehen, dass eine Antwort oder Lösung nicht unbedingt klar und eindeutig sein kann. Um möglichst erfolgreich in ungewissen Gefilden navigieren zu können, ist also nicht nur eine Einstellung von Vorteil, die Unsicherheiten und Fehler zulässt. Wir brauchen auch ein Umfeld, das diese Einstellung teilt: [148]*„[...] [Entscheidungsträger] werden bessere Entscheidungen treffen, wenn sie darauf vertrauen, dass ihre Kritiker intellektuell anspruchsvoll und fair sind, und wenn sie erwarten, dass ihre Entscheidung danach beurteilt wird, wie sie zustande kam, und nicht nur danach, was dabei herauskam."* [148] Wenn wir also bessere, zukunftsfähigere Entscheidungen wollen, müssen wir Entscheidungsträgern auch Raum für Ungewissheit, Unsicherheit und Fehler eingestehen. Und wir müssen uns aus unserer Ohnmacht angesichts abstrakter Machtgebilde lösen. Sie lässt uns glauben, wir wären gar nicht in der Lage, Position, Verantwortung oder nicht gebildet genug, um selbst etwas zu unternehmen – welche Form auch immer dieses Engagement annehmen mag. Und natürlich braucht es Spezialisten auf den unterschiedlichsten Gebieten – schließlich können und wollen wir nicht alle Politiker, Klimaforscher, Wirtschaftsmanager und Sozialarbeiter sein. Aber wir alle können etwas tun, unser Handeln überdenken und verändern, uns eine Meinung bilden und mit anderen darüber reden. An Lösungen mitarbeiten, Verbesserungsvorschläge machen. Fehler zu vermeiden kann schlechter sein als ein konstruktiver Umgang mit Fehlern. Wir sind zwar generell darauf getrimmt, Fehler seien etwas Schlechtes, das wir unbedingt vermeiden sollten. Lieber nichts machen, anstatt etwas falsch zu machen. Doch dieses Prinzip kann uns im Weg stehen, wenn wir vor lauter Fehlervermeidung stillstehen. Diese Einstellung bringt uns nicht weiter, wenn es um komplexe Themen wie Gesellschaft, Umwelt, Globalisierung, Wirtschaft, Politik und um die Frage geht, wie wir als Menschheit die Herausforderungen der Gegenwart und der Zukunft angehen können und wollen. Niemand macht gerne Fehler, aber Verbesserung braucht die Möglichkeit, Fehler zu machen. Sie sind Teil eines Lernprozesses, Erfahrungswerte, die uns weiterbringen und meist notwendige Schritte, ohne die Erfolg gar nicht möglich ist. Unsicherheit kann Offenheit für andere Ansätze, Möglichkeiten, Denkweisen und Lösungswege bedeuten. Eine solche Unsicherheit kann eine Stärke sein, die wir besonders im Umgang mit Komplexität und für die Gestaltung unserer Zukunft brauchen.

„[...] wir sollten unseren Kindern Bescheidenheit und Neugierde beibringen. Bescheiden zu sein bedeutet hier, sich darüber bewusst zu sein, wie schwer es einem seine Instinkte machen können, die Fakten richtig zu verstehen. Es bedeutet, den Umfang des eigenen Wissens realistisch einzuschätzen. Es bedeutet mit Freude zu sagen ‚Ich weiß es nicht‘. [...] Neugierig zu sein bedeutet, offen zu sein für neue Informationen und aktiv danach zu suchen. Es bedeutet, Fakten anzunehmen, die nicht zur eigenen Weltsicht passen, und zu versuchen, ihre Bedeutung zu verstehen. Es bedeutet, die eigenen Fehler Neugierde auslösen zu lassen anstatt Scham.“

Hans Rosling [149]

ÜBERFORDERUNG IN KÜRZE

1.

Für komplexe Probleme gibt es keine einfachen, richtigen oder direkten Lösungen. Wir sollten erfüllbare Ziele von richtungsweisenden Idealen unterscheiden, uns bewusst machen, dass wir mit allem rechnen müssen, und uns auf Zusammenarbeit und offene Entwicklungsprozesse einlassen. So können wir uns Frustration ersparen, flexibler auf komplexe Probleme reagieren und besser mit ihnen umgehen. Dass wir sie nicht einfach lösen können, sollte uns nicht davon abhalten, an Lösungen zu arbeiten und Dinge besser zu machen.

2.

Der Versuch, die Welt zu verbessern, bietet viel Raum für Zweifel an seiner Wirksamkeit. Dabei sollten wir uns auf das besinnen, was wir schon machen und was wir noch machen können, offen bleiben für neue Erkenntnisse und alternative Ansätze und erkennen, dass es nicht die *eine* Lösung gibt, sondern unzählig viele verschiedene.

3.

Manchmal fühlen wir uns ohnmächtig im Angesicht von scheinbar mächtigen Positionen oder Institutionen, dabei verbergen sich dahinter auch nur Menschen, die Fehler machen und mit denen wir gemeinsam an Lösungen arbeiten können. Wir sollten sowohl uns als auch anderen die Möglichkeit zugestehen, Fehler zu machen, damit Verbesserung überhaupt möglich wird. Und erkennen, dass wir nicht alles wissen müssen, um dazu beizutragen.

CONTRA

Widersprüche

DAZU

DIE GANZE

MÜHE

VOLLER WIDERSPRÜCHE

Warum wir Meister der Widersprüche sind,
warum sie uns trotzdem in den Wahnsinn treiben
und warum das nicht so sein muss

Unsere Welt ist voller Widersprüche. Und der Versuch, sie zu verbessern, ist es auch. Wir wollen umweltfreundliche und fair hergestellte Lebensmittel – aber eigentlich nicht so viel Geld dafür ausgeben. Wir wollen etwas von der Welt sehen und reisen, andere Länder kennenlernen – aber nicht den Klimawandel anheizen oder den Menschen in ärmeren Ländern unseren Wohlstand unter die Nase reiben. Wir essen gerne Fleisch, Milchprodukte oder Fisch – wollen aber nicht, dass dafür Tiere leiden und sterben. Wir wollen uns mit schönen Dingen kleiden und umgeben – aber nicht die schlechten Arbeitsbedingungen verantworten, unter denen andere Menschen sie für uns herstellen. Wir wollen für wohltätige Zwecke spenden – unser Geld aber auch für den nächsten Kinobesuch/Urlaub/Abend mit Freunden ausgeben. Wir sollten uns eigentlich mehr engagieren, für ein soziales oder ein Umweltprojekt, oder zur nächsten Demo gehen – wollen unsere freie Zeit aber ehrlich gesagt lieber für uns haben. Wir wollen unser Leben genießen – und wir fühlen uns schuldig, wenn wir sehen, wie schlecht es anderen geht. Manchmal kommen wir uns im Vergleich mit anderen komisch vor. Wenn wir für unseren Idealismus belächelt werden. Oder wenn unser Engagement als Hobby angesehen wird und andere nicht so wirklich zu interessieren scheint. Dabei geht es doch alle etwas an – oder nicht? Wozu machen wir uns denn sonst die ganze Mühe? Es ist anstrengend, gegen den Strom zu schwimmen, sich immer mit Problemen zu beschäftigen, alles zu hinterfragen und zu versuchen, *das Richtige* zu tun – dabei wissen wir nicht mal, ob das alles überhaupt etwas bringt. Und ein Ende ist auch nicht in Sicht. Es wäre so viel einfacher, wenn uns einfach alles egal wäre. Nur ist es das nicht.

„Widersprüche
sind
unvermeidlicher
Teil jeder
menschlichen
Kultur.
Mehr noch,
sie sind der
Motor
der Geschichte
und machen
unsere Art
so kreativ
und
dynamisch,
wie sie ist."

Yuval Noah Harari [150]

Widersprüche scheinen in der Natur menschlicher Kultur zu liegen. Der Historiker und Philosoph Yuval Noah Harari sagt, [151] dass jede menschliche Ordnung im Gegensatz zu den in sich stimmigen Naturgesetzen voller Widersprüche ist. Menschliche Kulturen befinden sich daher in ständigem Wandel, um diese Widersprüche zu beseitigen. So haben schon die Adeligen im Europa des Mittelalters gleichzeitig an das Christentum und an das Rittertum geglaubt. Also an Demut, Abstinenz, Bescheidenheit und Gewaltlosigkeit auf der einen Seite. Und an Ehre, Lust, Reichtum und Gewalt auf der anderen Seite. Ein aktuelleres Beispiel ist der Widerspruch zwischen Freiheit und Gleichheit: *„Gleichheit lässt sich nur erreichen, wenn die Freiheit der Bessergestellten beschnitten wird. Und wenn jeder unbegrenzte Freiheit hat, dann geht das auf Kosten der*

Gleichheit." Diese Unvereinbarkeit von Wahrnehmung, Gedanken oder Erkenntnissen bezeichnet man als *kognitive Dissonanz.*[151 152] Sie kann dazu führen, dass unser Verhalten von unseren Werten abweicht, sodass wir entweder unser Verhalten an unsere Werte anpassen oder unsere Werte an unser Verhalten.[152 153] Wenn wir einen Umstand, wie z. B. einen solchen Widerspruch, als belastend oder nicht direkt kontrollierbar empfinden, wenden wir *problemorientierte* oder *emotionsorientierte Bewältigungsstrategien* an – und darin sind wir meisterhaft. Wir sind sogar so gut darin, dass wir solche Strategien oft unbewusst anwenden.[153] Essen wir z. B. tierische Produkte, blenden die meisten von uns zum Selbst-schutz aus, was genau wir da gerade verspeisen und unter welchen Bedingungen es hergestellt wurde.* [154] Bei problemorientierten Bewälti-gungsstrategien beschäftigen wir uns mit der zielgerichteten Lösung eines Problems. Emotionale Bewältigungsstrategien helfen uns, mit negativen Emotionen in einer Problemsituation umzugehen, indem wir die Situation umdeuten oder uns von ihr ablenken.[154 155] Zu solchen Strategien zählen Gleichgültigkeit, Verleugnung, Relativierung, die Suche nach Gegenargumenten und selektive Aufmerksamkeit, also die Vermei-dung der Konfrontation mit negativen Emotionen, die Konzentration auf die Gegenwart anstatt auf die Zukunft, das Lenken der Aufmerksamkeit auf kleine, positive Dinge und das Suchen von Vergnügung.[155] Emotionale Bewältigungsstrategien können zu Ignoranz führen, wenn wir Probleme ausblenden. Es ist leichter und angenehmer, die Schuld jemand anderem zuzuschieben, ein Problem zu ignorieren oder uns durch gesellschaftliche Normen zu rechtfertigen, als zu akzeptieren, dass wir selbst diejenigen sind, die Entscheidungen treffen und sie zu verantworten haben. Sie können aber auch dem Selbstschutz dienen, wenn wir z. B. die meiste Zeit unsere eigene Sterblichkeit ausblenden, um im Alltag nicht verrückt zu werden vor Angst. Und sie können uns sogar helfen, die Welt ein Stück besser zu machen. Indem wir z. B. emotionale Strategien *bewusst* anwen-

---

* Gerade weil sie so viele Menschen bewegt, ist und bleibt die scheinbar ausgelutschte Diskussion über „*Fleisch oder kein Fleisch?*" (oder allgemeiner: „*Tier oder kein Tier?*") ein so wunderbares Beispiel für die Frage nach ethisch vertretbarem Konsum.

nicht
Spuren zu
, sondern
u entscheiden,
Spuren wir
erlassen
llen.

den, wie die Vermeidung von übermäßig vielen schlechten Nachrichten und die Konzentration auf positive Ereignisse, um unsere negativ verzerrte Weltsicht zu bewältigen. Oder indem wir problemorientierte Bewältigungsstrategien anwenden. Also mit anderen Worten: Widersprüche angehen und nach Lösungen suchen. Wenn wir also vor der Wahl stehen, ob wir z. B. das Stück Fleisch, Käse oder Milchschokolade essen *oder* Tierleid vermeiden, entscheiden wir uns für Letzteres. Problem gelöst. Welt verbessert. Nur ist das leichter gesagt als getan, denn unser innerer Widerspruch löst sich nicht einfach in Luft auf, nur weil wir das gerne so hätten. Widersprüche können uns unser Engagement auf die unterschiedlichsten Arten schwer machen. Damit uns nicht ständig die Frage quält, was wir falsch machen und wieso es so anstrengend ist, können wir versuchen, unsere Frustration zumindest ein Stück weit wegzuanalysieren. Also machen wir uns einige Gründe bewusst, aus denen es uns manchmal so schwerfällt, das vermeintlich Richtige zu tun.

Wir wollen verschiedene Dinge, die sich gegenseitig beeinflussen.
Wenn wir gerne das Stück Fleisch, Käse oder Milchschokolade essen *und* Tierleid vermeiden wollen, kann es passieren, dass wir unzufrieden sind, *egal* welche Entscheidung wir treffen. Entweder wir handeln entgegen unserer Wertvorstellungen und essen mit schlechtem Gewissen oder wir fühlen uns schlecht, weil wir verzichten mussten, um unseren Werten treu zu bleiben. Bei solchen Widersprüchen kämpfen gegensätzliche Bedürfnisse in uns und wir können es nicht allen recht machen. Unser Streben nach Verbesserung fürs Gemeinwohl gegen unsere individuellen Wünsche – und auch gegen unser Bedürfnis nach Anerkennung und Zugehörigkeit. Denn erschwerend kommt hinzu, dass es nicht nur innere Widersprüche sind, die da in uns kämpfen, sondern auch Widersprüche zwischen unseren Idealen und gesellschaftlichen Normen. Wenn wir gefühlt die Einzigen sind, denen Dinge wie Umweltschutz und soziale Verantwortung wichtig sind, während alle anderen bedenkenlos konsumieren und die Welt bereisen, hinterlässt uns das mit einem blöden Gefühl und reichlich Stoff für Zweifel.

Es ist manchmal schwieriger, etwas
Gutes zu tun, und leichter, etwas Schlechtes zu tun.

Wenn wir z. B. mehr Geld für ökologische oder faire Produkte ausgeben, machen wir das zwar bewusst, um eine gute Sache zu unterstützen. Im besten Fall kriegen wir dafür auch bessere und qualitativ hochwertigere Produkte. Trotzdem kann es uns frustrieren, wenn wir ein ähnliches Endprodukt für weniger Geld hätten kaufen können, denn vom Mehrwert in der Produktionskette, für den wir bezahlt haben, kommt bei uns selbst zumindest kurzfristig und direkt nicht viel an. Richtig frustrierend wird es dann, wenn wir das vermeintlich bessere, weil umwelt- und menschenfreundlichere Produkt kaufen, dafür mehr bezahlen und schlechtere Qualität bekommen, als hätten wir ein herkömmliches Produkt für weniger Geld gekauft. Wir erfahren also eine Art Bestrafung dafür, dass wir eigentlich etwas Gutes tun wollten. [156>]Da wir Verhaltensweisen, die belohnt werden, eher wiederholen und solche, die bestraft werden, eher vermeiden[<156], kann sich das negativ auf unsere Motivation auswirken. Paradoxerweise ist es in unserer komplexen und vernetzten Welt ziemlich leicht, Probleme zu fördern, selbst wenn wir nicht mal wissen, dass sie existieren. Wir kaufen Schnittblumen, weil wir jemandem damit eine Freude machen wollen – und fördern damit vielleicht, dass Menschen an einem anderen Ort auf der Welt ihr Land verlieren und kein Essen mehr anbauen können, weil die Fläche für Blumenfelder genutzt wird. Wir essen den Speck in der Soße mit, weil er halt drin ist und weil wir ihn eigentlich auch ganz lecker finden – und sind damit nicht nur für Tierleid mitverantwortlich, sondern auch noch Teil einer Produktionskette, zu der die unwiederbringliche Abholzung von Wäldern gehört, die der Lebensraum für zahlreiche Tierarten und Menschen sind und ein wichtiger Bestandteil des Ökosystems Erde, auf das wir selbst angewiesen sind. Dass alles so kompliziert und miteinander verbunden ist, macht uns die Sache manchmal wirklich nicht leichter. Aber diese weltweite Vernetzung wird auch schon von vielen Menschen zum Positiven genutzt, die Produktionsketten gemeinnützig umkrempeln. Und so wird es immer einfacher, Alternativen zu finden, die solche negativen Auswirkungen vermeiden möchten. Die Kunst ist es also, Dinge, die schlecht fürs Gemeinwohl sind, zu erschweren und Dinge, die gut fürs Gemeinwohl sind, zu erleichtern.

Wir können nicht alle Auswirkungen gegeneinander abwägen.
Der ehemalige US-amerikanische Vizepräsident und Präsidentschaftskandidat Al Gore reiste mit seiner Dokumentation *Eine unbequeme Wahrheit* um die Welt und klärte über die Existenz und Bedrohung des durch uns Menschen verstärkten Klimawandels auf. Gleicht sein Beitrag zum Bewusstsein und Handeln in Bezug auf den Klimawandel die negativen Umwelteinflüsse aus, die seine Flugreisen verursacht haben? Und wie ist es mit Weltverbesserern, die etwas von der schönen Welt sehen wollen, die ihnen so wichtig ist? Viele Menschen werden erst durch Reisen und Erfahrungen in anderen Ländern, mit beeindruckenden Landschaften, anderen Kulturen und Lebenssituationen, dazu inspiriert oder darin bestärkt, sich für eine bessere Welt einzusetzen. Ist eine Fernreise gerechtfertigt für den positiven Effekt, den sie haben kann? Und was ist mit Dingen wie Musik, Filmen, Kunst und Kreativität, die etwas Schönes in die Welt bringen, an dem sich Menschen erfreuen, was sie zum Nachdenken anregt und ihr Leben bereichert – sei es tiefgründig oder einfach nur durch Spaß und Freude? Das wirkt sich vielleicht nicht positiv auf unseren ökologischen, dafür aber auf unseren kulturellen oder sozialen Fußabdruck aus. Und vielleicht gehen Menschen, die durch Kultur bereichert und miteinander verbunden werden, auch besser mit ihren Mitmenschen und ihrer Umwelt um. Es geht nicht nur darum, keine Spuren zu hinterlassen, sondern auch darum, bewusst zu entscheiden, welche Spuren wir hinterlassen *wollen*. Diese Freiheit beruht auf der Überzeugung, dass wir insgesamt immer noch gemeinnütziger und umweltfreundlicher handeln, wenn wir uns die Auswirkungen unseres Handelns bewusst machen, als wenn wir unbewusst handeln. Dabei geht es sowohl um die Frage, für was sich ein Input an Ressourcen unserer Meinung nach lohnt, also wo ein negativer Einfluss gerechtfertigt oder vertretbar ist, als auch darum, welchen positiven Output wir in die Welt bringen. Wir können die Welt nicht *nicht* verändern (siehe S. 100) und wir werden unterwegs mit ziemlicher Sicherheit auch zu Verschlechterung beitragen. Aber wenn wir

unsere Schritte bewusst setzen, halten wir diesen negativen Abdruck kleiner, als wenn wir einfach ignorant herumrennen, und vergrößern dafür
unseren positiven Abdruck auf der Welt.

Die Welt zu verbessern ist keine einmalige Entscheidung.
Bei manchen Widersprüchen brauchen wir Zeit, um sie zu lösen. Die
Entscheidung, auf Fleisch zu verzichten, treffen wir vielleicht nicht von
heute auf morgen, sie muss erst eine Zeit in uns reifen. Vielleicht entwickelt sie sich schrittweise. Vielleicht entscheiden wir uns irgendwann
wieder um. Und höchst wahrscheinlich lernen wir immer wieder etwas
Neues dazu, was uns dazu bringt, unsere Entscheidung zu überdenken
und anzupassen. Andere Widersprüche lassen sich gar nicht lösen und wir
können nur lernen, besser damit umzugehen, wenn wir nicht ganz auf
etwas verzichten wollen oder können, obwohl es unseren Idealen wider-
spricht. Also stehen wir in gewisser Weise immer wieder vor der Wahl.

Es sind solche Dilemmas, die dem Weltverbessern ein so unattraktives
Image verleihen: Es ist verdammt anstrengend, es geht um Verzicht und
darum, sich zu verbiegen, selbstlos vor sich hin zu leiden als rebellischer
Außenseiter. Das sollte *nicht* der Weg sein. Wir *haben* mit Widersprüchen zu kämpfen und es *ist* anstrengend. Aber das ist kein Schicksal, mit
dem wir uns einfach abfinden müssen. Stattdessen sollten wir uns bei
dem Versuch, die Welt zu verbessern, weniger verkrampfen und mehr
entspannen. Wir sollten es als einen Prozess betrachten, als eine Entwicklung, bei der es Fort- und Rückschritte geben darf. Hinter unseren
übermäßig verkrampften Versuchen, das Richtige zu tun, versteckt sich
die Angst, etwas falsch zu machen und ein schlechter Mensch zu sein –
oder zumindest kein so guter, wie wir es gerne wären. Wie wir im Kapitel
Überforderung schon gelernt haben, muss es keine 100%-Lösung sein. Bei
dem Versuch, widersprüchlichen Bedürfnissen gerecht zu werden, kann
es auch einen Mittelweg geben. Und wir können uns jederzeit anders
entscheiden, sobald wir eine bessere Lösung gefunden haben. Wir sind
Meister darin, Widersprüche unterbewusst auszuhalten. Jetzt müssen
wir einen Weg finden, diese Kunst auch dann zu meistern, wenn wir uns

Widersprüche bewusst machen. Dann können wir Probleme wahrnehmen und lösen, ohne verrückt zu werden, wenn uns das nicht auf Anhieb gelingt. Wir alle waren irgendwann in unserem Leben an einem Punkt, an dem unsere Welt noch nicht so groß, komplex und voller widersprüchlicher Probleme war. Da haben wir einfach unser Leben gelebt, ohne über größere Zusammenhänge nachzudenken und ohne uns der Konsequenzen unserer alltäglichen Handlungen und unserer Verantwortung bewusst zu sein. Manchmal denken wir vielleicht: Wäre das Leben doch wieder so einfach wie früher. Dabei wollen wir gar nicht zurück in diese Blase der heilen Welt, in ein unbedachtes Leben, wenn wir einmal einen Blick auf die größeren Zusammenhänge in der Welt geworfen haben. Das heißt nicht, dass wir alles verstehen. Aber wir verstehen, dass alles zusammenhängt und dass wir mit unseren Entscheidungen und Handlungen in der Welt Verantwortung tragen und einen Beitrag leisten können. Und der Gedanke ist doch eigentlich ziemlich schön.

VON LEID ZU LEIDENSCHAFT

Warum es wichtig ist, Weltverbessern weder schlecht- noch schönzureden, warum endlose Arbeit kein Grund für Frustration ist und warum wir nicht die einsamen Kämpfer sind, für die wir uns manchmal halten

GELASSENE BEHARRLICHKEIT

Klimafreundlich leben im Handumdrehen. Und jetzt retten wir die Welt. Umweltliebe – Wie wir mit wenig Aufwand viel für unseren Planeten tun können. So lesen sich die Titel einiger Ratgeber, die mit hilfreichen Tipps motivieren, sich für eine bessere Welt einzusetzen. Der Fokus auf die Leichtgkeit und Vorteile des Weltverbesserns kann uns begeistern und motivieren. Wenn wir stattdessen nur davon berichten, wie anstrengend und kräftezehrend es ist, sich für eine bessere Welt zu engagieren, motiviert das niemanden. Wenn Weltverbessern aber als die leichteste Sache der Welt dargestellt wird, kann sich auch das negativ auf unsere Motivation auswirken. Nämlich dann, wenn wir selbst bereits die Erfahrung gemacht haben, dass es nicht immer so einfach ist, wie es manchmal klingt und dass sich manche Probleme nicht so einfach lösen lassen (siehe *Böse Probleme* ab S. 70). Dann fragen wir uns vielleicht, was wir falsch machen, wenn es uns so schwerfällt, wo es doch angeblich so leicht sein soll. Oder wir fühlen uns nicht ernst genommen und alleingelassen mit unseren Problemen. Aufzuzeigen, wie einfach es sein kann, etwas zu verändern, ist motivierend und sinnvoll. Und dabei handelt es sich auch nicht um eine Marketing-Lüge der Weltverbesserungs-Lobby, denn es *ist* einfach, etwas zu verändern und es *gibt* unzählige Möglichkeiten, mit kleinen Schritten zu größerer Veränderung beizutragen. Aber je nachdem, wie sehr wir uns mit Problemen beschäftigen, wie lange wir schon versuchen, Missstände zu verbessern, wie hoch unsere Ansprüche sind und wie sehr unsere innere Motivation ausreicht, kommen wir mehr oder weniger und früher oder später an Punkte, wo unser Engagement anstrengend und frustrierend wird, wo es uns überfordert und wir uns ohnmächtig fühlen. Und im schlimmsten Fall schleppen wir uns still leidend, unsicher und halb motiviert weiter oder wir resignieren – womit niemandem mehr geholfen ist. Wenn wir an diesen Punkten sind – und besser noch davor –, *dürfen* wir uns nicht nur beklagen, wir *sollten* es sogar. Dann sollten wir uns mit anderen darüber austauschen und offen mit den Problemen umgehen, auf die wir gestoßen sind. Es ist wie mit einem rational optimistischen Weltbild: Den Versuch, die Welt zu verbessern, sollten wir weder positiv noch negativ verzerrt betrachten und stattdessen die anstrengenden *und* die leichten Seiten daran sehen – und alles, was dazwischenliegt. Es ist eine beständige Aufgabe und Herausforderung. Ein beständiges Ausprobieren, Abwägen und Anpassen. Der beständige Versuch, Dinge zu verbessern. Dieser Gedanke der Beharrlichkeit kann erschöpfend, anstrengend und frustrierend sein. Weil dann kein Ende in Sicht ist und auch kein Ziel. Dann geht es. Immer. So. Weiter. Dabei bringen wir nur wieder Ideale mit erfüllbaren Zielen durcheinander (siehe *Jagd nach Utopien* ab S. 80). Das Ziel lautet nicht: *„Wir sind jetzt fertig mit Weltverbessern! Die Welt ist jetzt gut und alle Probleme sind für immer gelöst!"* Stattdessen ist es so wahr, wie es abgedroschen klingt: Das Ziel ist der Weg. Wir verbessern die Welt kontinuierlich. Das heißt nicht, dass sie immer besser wird, sondern dass wir immer weiter an Verbesserung arbeiten. Dass wir unser Gewicht mit offenen Augen auf die Waage legen, die sich entweder Richtung Verschlechterung oder Richtung Verbesserung neigt. Wenn wir es so betrachten, dann kann Beharrlichkeit Gelassenheit mit sich bringen. Denn dann sind Rückschläge gar nicht mehr so schlimm. Sie sind ein Teil des Weges, ändern aber nichts an seiner Richtung. Es kann uns helfen, wenn wir uns daran erinnern, dass unser Engagement für eine bessere Welt kein Sprint ist, sondern vielmehr ein Marathon oder ein Staffellauf. Wir sollten uns unsere Kräfte einteilen und müssen unseren eigenen Rhythmus finden, um langfristig motiviert zu bleiben.

Wenn wir die Anstrengung und Endlosigkeit unseres Engagements gelassener sehen wollen, hilft uns vielleicht eine Betrachtung des Pioniers der Sisyphusarbeit: Sisyphus selbst.* [157>] Sisyphus ist eine Gestalt der griechischen Mythologie, die dazu verdammt war, einen Felsblock auf einen steilen Berg hinaufzurollen, der kurz vorm Erreichen des Gipfels immer wieder ins Tal rollte. Der Name dieser Figur prägt bis heute den Begriff der Sisyphusarbeit: *„sinnlose, vergebliche Anstrengung"* oder *„schwere, nie ans Ziel führende Arbeit".*[<157] Der Schriftsteller und Philosoph Albert Camus befasst sich in seinem gleichnamigen Buch mit dem *Mythos des Sisyphos.* Darin beschreibt er, dass man das scheinbar qualvolle Schicksal von Sisyphus auch possibilistischer interpretieren kann, wie Hans Rosling es vielleicht nennen würde (siehe S. 63): Sisyphus ist sich nicht nur darüber bewusst, was er *nicht* kann, sondern auch darüber, was er *kann.* [158>] Er ist ein tragischer Held, denn er hat nicht jedes Mal von neuem Hoffnung auf Erfolg, sondern weiß von Anfang an um die Endlosigkeit seiner Aufgabe. Das macht ihn aber auch zum Sieger über sein Schicksal, denn *„Es gibt kein Schicksal, das durch Verachtung nicht überwunden werden kann".*[<158] Sisyphus weigert sich nicht, sein Schicksal zu akzeptieren. Er weigert sich, sich von diesem Schicksal frustrieren und einschränken zu lassen. Übertragen auf unser Engagement für eine bessere Welt könnten wir das so verstehen: Wenn wir akzeptieren, dass Anstrengung und Endlosigkeit ein Stück weit in der Natur des Weltverbesserns liegen, können wir uns einen guten Teil unserer Frustration sparen und unsere Motivation darauf konzentrieren, was wir verändern können. Es ist ähnlich wie mit Hans Roslings Ratschlag, mit schlechten Nachrichten zu rechnen und Nancy Roberts' Tipp, damit zu rechnen, dass Probleme auftreten. Frustration beeinflusst uns vielleicht weniger stark oder zumindest weniger langfristig, wenn uns klar war, dass sie kommen würde: [159>] *„[...] die erdrückenden Wahrheiten verlieren an Gewicht, sobald sie erkannt werden."*[<159] Es geht nicht darum, Frustration zu vermeiden. Natürlich werden wir an dem ein oder anderen Punkt frustriert sein und dieser Frustration dürfen und sollten wir Luft machen. Aber wir sollten

---

* lateinische Schreibweise: Sisyphus, griechische Schreibweise: Sisyphos

sie nicht so tief gehen lassen, dass sie unsere Motivation beeinträchtigt und uns ernsthaft an unserem Engagement zweifeln lässt. Die Frage ist, wie wir mit ihr umgehen: Lassen wir uns von ihr überwältigen oder akzeptieren wir sie als Teil unseres Engagements – und machen weiter? Sisyphus ist sich seines Schicksals vollkommen bewusst, also nicht nur seiner Grenzen, sondern auch seiner Möglichkeiten. Die Aufgabe, den Stein immer wieder den Berg hinauf zu rollen, ist *seine* Aufgabe und es hält ihn nichts davon ab, sie so gut wie möglich zu erfüllen. Vielleicht probiert er unterschiediche Techniken aus, rollt mal schneller, mal langsamer und wird mit der Zeit immer besser darin. Und wenn er fast oben angekommen ist und der Stein schon wieder Richtung Tal rollt, genießt er vielleicht die schöne Aussicht. Genauso sollten auch wir uns auf all die Möglichkeiten der Verbesserung konzentrieren. Wir sollten uns nicht hemmen lassen von dem, was *nicht* möglich ist, sondern Motivation ziehen aus dem, was *möglich* ist. Und zwischendurch den Blick auf all das genießen, was wir und andere schon erreicht haben und was alles schon getan wird. [160]*„Darin besteht die verborgene Freude des Sisyphos. Sein Schicksal gehört ihm. Sein Fels ist seine Sache.“*[160]

Wenn man es von weiter weg betrachtet, ist das Ganze eigentlich ziemlich absurd. Wir wollen die Welt verändern und sehen hinter jeder Handlung ein ganzes Netz aus Bedeutung und Zusammenhängen – dabei sind wir selbst nur ein winzig kleiner, unbedeutender Punkt im Universum. [161]*„[...] wir [sind] nur ein kurzer Abschnitt einer milliarden Jahre alten Geschichte [...]. Wir [sitzen] nur auf einem feuchten Staubkorn [...], das um einen mittelgroßen Stern kreist, der sich in einer ruhigen Gegend einer durchschnittlichen Galaxie befindet, die wiederum Teil einer Galaxiengruppe ist. Und diese Gruppe ist nur eine von tausenden, in einem Super-Galaxie-Haufen. Und dieser Super-Haufen ist auch nur einer von tausenden im beobachtbaren Universum. Das Universum könnte tatsächlich noch millionen Mal größer sein, aber wir werden es nie erfahren. [...] das fühlt sich an, als hätte sich jemand einen üblen Scherz erlaubt: Wir sind uns unserer selbst bewusst geworden, nur um zu erkennen, dass es nicht um uns geht.“*[161] Wir sind das Ergebnis von Zufall und Evolution und unser Leben hat erstmal keinen tieferen Sinn außer Selbsterhaltung, Fortpflanzung und einfach gelebt zu werden. Diese Erkenntnis könnte uns deprimieren. Sie kann uns aber auch helfen, unser Leben und Handeln in Relation zu sehen. Wenn wir uns vor Augen führen, wie absurd ohnehin alles ist, nimmt das vielleicht ein wenig Druck von uns. Vielleicht betrachten wir die Dinge dann nicht mehr so übermäßig ernst und kriegen eine gewisse Leichtigkeit und Genügsamkeit zurück. Nicht in dem Sinne, dass alles egal wäre, was wir tun, denn das ist es nicht. Sondern in dem Sinne, dass die Welt nicht untergeht, wenn wir einen Fehler machen, oder nicht die Gutmenschen sind, die wir gerne wären. Wir sind einfach nur Menschen, die ihr Bestes geben, wie auch immer das aussehen mag. Die Absurdität unserer eigenen Existenz und von allen Dingen um uns herum erinnert uns daran, dass wir nicht alles in der Hand haben. Gleichzeitig erinnert sie uns daran, was wir alles in der Lage sind zu tun und was wir alles erreichen können. Gerhard Schulze sagt: [162>]*„Als Mensch zu existieren heißt gerade nicht, […] sich mit dem Absurden abzufinden, sondern ihm Sinn entgegenzusetzen […]."* [<162 163>]Und auch Marcel Hunecke ist der Ansicht, das Geben oder Konstruieren eines Sinns sei ein individueller und aktiver Prozess.[<163 164>]Albert Camus beschreibt in seinem Buch einen etwas anderen Ansatz: den absurden Menschen, der die Absurdität seiner Existenz gewissermaßen akzeptiert hat. Dieser Mensch weiß, wo seine Grenzen liegen[<164, 165>]er ist Realist, glaubt nicht an einen tieferen Sinn[<165 166>]und läuft keinen Hoffnungen hinterher[<166. 167>]Gleichzeitig hat er Sehnsüchte, sieht seine Möglichkeiten[<167 168>]und möchte handeln[<168]. Wir sollten eine Mischung aus beidem versuchen: Wir müssen die Absurdität hinnehmen, die wir nicht (direkt) beeinflussen können (z. B. die parallele Existenz von Armut und Wohlstand), *und* wir können ihr einen Sinn entgegensetzen, indem wir unsere Möglichkeiten ergreifen (z. B. indem wir spenden oder uns anderweitig gegen Armut engagieren). Die Kunst besteht dann wohl darin, zu entscheiden, wo das Unmögliche aufhört und das Mögliche anfängt. Unsere Bedeutungslosigkeit gibt uns nicht nur die Freiheit, zu tun und zu lassen, was wir wollen, sondern auch nach großen Zielen zu streben, wie der Verbesserung der Welt. [169>]*„Auf unserem Universums-großen Spielplatz sind wir ganz frei. Wir können also versuchen, einfach glücklich zu sein und eine Utopie in den Sternen zu errichten."*[<169]

Verbesserung
ist ein *andauern*
Prozess, ein stär
Dazulern

„Die beste
aller Welten
ist nicht
erreichbar,
aber
immer
erstrebenswert.
Dass
die Suche
nicht zum
Ende
kommen
kann, ist
kein Grund
zum
Pessimismus.“

Gerhard Schulze [170]

DAS MÄRCHEN
VOM EINSAMEN
WELTVERBESSERER

Vielleicht sorgt das ständige Zerdenken von Widersprüchen, das Be-schäftigen mit Problemen und das Dinge-anders-machen-als-andere auch dafür, dass wir uns selbst als Einzelkämpfer sehen. Irgendwie ist das ja auch ein romantisches Bild. Wir allein für die gute Sache gegen den Rest der Welt. Das klingt heldenhafter als der X-te zu sein, der jetzt auch den Zero-Waste-Trend für sich entdeckt hat. Da kann man sogar fast schon das Gefühl bekommen, es wäre jetzt egal, ob man selbst mitmacht oder nicht, weil schon so viele dabei sind. Gutes tun wird oft mit Selbstlosigkeit und Verzicht verwechselt. Nach dem Motto: Wenn wir nicht zumindest ein bisschen leiden, machen wir irgendetwas falsch. Natürlich kann Veränderung mit dem Gefühl von Verzicht oder Einschränkung einhergehen. Aber da sollte sie nicht aufhören (siehe *Gesunder Egoismus* ab S. 138). Diese negative Sichtweise ist weder für Engagierte sonderlich motivierend, noch wirft sie ein reizvolles Image auf das Engagement für eine gute Sache. Ein bisschen weniger Drama und ein bisschen mehr gesunde Zuversicht würden sowohl uns als auch dem Engagement für eine gute Sache vielleicht ganz guttun. Immer noch sind Bezeichnungen wie *Öko* oder *Gutmensch* irgendwie negativ konnotiert, belächelt, nicht so ganz ernst genommen. Wir belächeln uns sogar ein Stück weit selbst. Denn es fühlt sich immer komisch und irgendwie falsch an, entgegen einer Norm zu handeln. Vielleicht spiegeln sich in diesem Belächeln auch nur unsere eigene Unsicherheit und die von anderen wider. Aber nur, wenn wir alte Normen hinterfragen, können sich neue Normen überhaupt entwickeln. Es ist etwas Gutes, etwas Gutes zu tun. Dafür sollten wir nicht fürchten müssen, in eine Schublade gesteckt zu werden, sondern es sollte etwas sein, worauf wir stolz sind, etwas, das wir gerne tun. Vielleicht wird es einfach nur Zeit, dass wir das alle erkennen. Und vielleicht würde es das auch für alle erleichtern, mitzumachen.

Um das Bild des einsamen, leidenden Kämpfers hinter uns zu lassen, ist es umso wichtiger, dass wir uns mit Gleichgesinnten umgeben und austauschen. [171>]Überindividuelle Ziele und gemeinsame Aktionen mit anderen können uns ein Gefühl von Sinn geben. Dabei entstehen positive Emotionen wie Gelassenheit, Sicherheit, Zugehörigkeit und Vertrauen.[<171] [172>]Die Bestärkung durch andere spielt dabei eine große Rolle für die eigene Motivation. Feedback und soziale Normen, die nachhaltiges Verhalten unterstützten, können dazu beitragen, dass wir dieses Verhalten beibehalten.[<172] Wenn wir uns für Verbesserung engagieren, ist also das Gefühl der Gemeinschaft von großer Bedeutung – sei es, weil wir uns mit anderen gemeinsam engagieren oder weil wir uns durch unser individuelles Handeln einer größeren Bewegung zugehörig fühlen. Wir sollten uns selbst und andere also nicht abgrenzen, sondern alle möglichen verschiedenen Arten des Engagements anerkennen und fördern. Es gibt unzählige Arten,

Probleme zu lösen, anderen zu helfen und die Welt besser zu machen. Wir sind viele. Jeder Einzelne von uns kann zu gemeinsamer Verbesserung beitragen. Und gemeinsam können wir noch so viel mehr möglich machen.

„Ich bin
bei denen,
die glauben,
dass eine
bessere
Welt
möglich ist,
und ich bin
bereit,
Risiken auf mich
zu nehmen,
auch das
Risiko,
falsch zu liegen
und naiv
auszusehen
oder moralistisch
oder wohlmeinend,
um diese Welt
gemeinsam
mit anderen
zu erschaffen.“

Niki Harré [173]

WORLD-
WE-
BALANCE

*Warum wir unser Leben genießen dürfen, obwohl es Probleme in
der Welt gibt, warum es für jeden von uns Sinn ergibt, zum Wohle aller
zu handeln, und warum wir dabei unser eigenes Wohl nicht
aus den Augen verlieren sollten*

Ich erinnere mich, dass ich an einem Tag nach Hause kam und mich
fragte, was ich mit dem Rest des Tages anfangen will. Da war der Wunsch
nach einem Nachmittag im Bett mit einem Buch zum Abtauchen – etwas,
dass ich schon viel zu lange nicht mehr gemacht hatte. Prompt kam ein
anderer Gedanke auf: *Kann ich es mir erlauben, hier zu sitzen und einfach
nur zu lesen? Meine Zeit mit mehr oder weniger erfundenen Gechichten
verbringen, während die Welt voller Probleme ist, die es zu lösen gilt? Mich
faul und untätig zurückzulehnen in meinem Privileg, dass ich die Wahl habe,
ob ich mich heute für eine bessere Welt engagiere – oder mein wirklich gutes
Leben einfach nur genieße? Und wie soll ich hier und jetzt etwas ausrichten
gegen Armut, Ungerechtigkeit, Umweltzerstörung und gegen unsere allgemein
nicht so wirklich nachhaltige Lebensweise? Zumal ich dabei irgendwie auf der
Seite der Bösen zu stehen scheine mit meinem sicheren Dach über dem Kopf,
meinem vollen Kühlschrank und allen Chancen und Möglichkeiten, die mir
offenstehen – alles Privilegien, die ich genießen kann, während sie anderen
verwehrt bleiben.*

Einer der größten Widersprüche ist der zwischen unserem eigenen
Wohlergehen und dem Wohlergehen aller. Dürfen wir unser Leben genießen, während es anderen Menschen so viel schechter geht und während
es so viel Ungerechtigkeit und Probleme auf der Welt gibt? Inwiefern ist
es gerechtfertigt, dass wir uns etwas gönnen, unser Geld ausgeben, um
unsere Freizeit zu genießen und in Urlaub zu fahren, wenn wir sowohl
mit unserer Zeit als auch mit unserem Geld so viele Probleme lösen
könnten? Dürfen wir uns um fiktive Charaktere in Büchern, Filmen und
Serien mehr Gedanken machen als um unsere realen Mitmenschen? Und

dürfen wir den Weltraum erforschen, während wir nicht mal die Probleme auf unserem Planten in den Griff kriegen? Mit die größte Kunst beim
Streben nach einer besseren Welt ist es, einen Umgang mit den Widersprüchen in unserer Welt zu finden und eine Balance zu suchen aus dem,
was für unser eigenes Wohl am besten ist und dem, was für das Gemeinwohl am besten zu sein scheint. Darauf gibt es keine universelle Antwort
und jeder muss seinen eigenen Weg finden. Also holen wir uns ein paar
Anregungen.

GLÜCK
IM
UNGLÜCK

[174>]Wenn man sich im Angesicht von Unglück über mögliches Glück
und im Angesicht von Problemen über mögliche Chancen Gedanken
macht, kann man mit Vorwürfen von Ignoranz und Zynismus rechnen.
Nach dem Motto: *„Erst einmal muss alles Leid der Welt besiegt sein, bevor die Frage nach der Gestaltung des Lebens jenseits des Leids erlaubt sein
darf.“*[<174] Gerhard Schulze beschreibt zu diesem Gedanken zwei Formen
der Kritik. [175>]*Die Kritik des Mangels,* auch *unglückszentrierte Kritik* genannt, richtet sich an bestehende Missstände. Hierbei geht es also um die
Frage, wie wir Probleme lösen können. *Die Kritik des entgangenen Glücks,*
auch *glückszentrierte Kritik* genannt, richtet sich an ungenutzte Möglichkeiten, die nach der Beseitigung von Missständen entstehen. Hierbei
geht es also um die Frage, wie wir unser Leben jenseits von Problemen
gestalten können und wollen.[<175] Oder größer formuliert: Wie sieht die
Welt aus, in der wir leben wollen – und was können wir tun, um diese
Welt mitzugestalten und Wirklichkeit werden zu lassen? Dürfen wir also
die Vorzüge unseres guten Lebens genießen und unseren individuellen
Bedürfnissen nachgehen, wie auch immer die aussehen, obwohl es so
viele Probleme auf der Welt gibt? Dürfen wir Filme drehen und sehen, auf
Konzerte gehen, Videospiele spielen, schnelle Autos oder im Urlaub Ski
fahren, Musik machen und hören, Bücher schreiben und lesen, einfach

nur entspannte Zeit mit Freunden verbringen, tanzen und Sport treiben, shoppen und verreisen, mehr essen als wir eigentlich müssten, weil es so gut schmeckt? Und wie viele Ressourcen dürfen wir dafür aufwenden, wie viel Zeit, Energie, CO_2 und Geld? Oder sollten wir all das zurückstellen und unsere Energie, unsere Zeit und unser Geld erstmal in die Lösung der zahlreichen Probleme auf unserer Welt investieren? Schauen wir uns ein paar Argumente an, die dafür sprechen, dass die Existenz von Problemen und das Genießen der Früchte von Verbesserung sich nicht ausschließen müssen.

Probleme und Verbesserungen gehören zusammen.

Wir können nicht *erst* alle Probleme lösen und *dann* ein gutes Leben für jeden schaffen. Das ist eine ideale Vorstellung, in der wir linear denken von einer Situation, in der es Probleme gibt, bis hin zu einer Situation, in der es keine Probleme mehr gibt. Unsere Welt verändert sich aber ständig weiter und *wir* verändern sie ständig weiter. Dabei sind sowohl Probleme als auch Verbesserungen Teile des gleichen Entwicklungsprozesses. Sie existieren nebeneinander und bedingen sich gegenseitig.

Verbesserung ermöglicht Verbesserung.

Unser Streben nach Verbesserung sollte mit der Lösung von Problemen anfangen, aber sie sollte nicht dort aufhören. Wir sollten Fortschritt nicht auf Pause setzen – und mit Fortschritt ist auch gemeint, dass wir selbst darüber entscheiden können, was wir mit unserem Leben anfangen wollen. Fortschritt kann zwar Probleme an einer anderen Stelle mit sich bringen. Er kann aber auch Möglichkeiten und Visionen erzeugen und er kann notwendig sein, um Lösungen für Probleme überhaupt erst zu finden. Das Thema Fernreisen ist ein schönes Beispiel. Solange Fernreisen mit enormen Umweltauswirkungen einhergehen, sollten wir bedacht damit umgehen. Gleichzeitig sollten wir daran arbeiten, Fernreisen umweltfreundlich zu machen, indem wir Konzepte und Technologien weiterentwickeln. Dann gehen Weltverbessern und Etwas-von-der-Welt-sehen-Wollen vielleicht irgendwann Hand in Hand.

Wir sollten uns fragen, was wir mit Verbesserung anfangen wollen.

Für uns ist völlig klar, dass ein hungriges Kind Essen bekommen sollte. Dass es ein Leben in Sicherheit und Gesundheit führen und Zugang zu Bildung haben sollte. Aber was kommt, nachdem all diese Grundbedürfnisse erfüllt sind? [176>]„*[...] die Kritik von Missständen [bleibt] auf halbem Wege stehen, wenn sie die Frage, was eigentlich nach der Beseitigung von Missständen geschehen soll, als Luxusthema ohne Bedeutung abtut. Erst diese Anschlussfrage thematisiert das eigentliche Menschsein; davor geht es ‚nur‘ um die Herstellung von Bedingungen, die diese Frage überhaupt ermöglichen.*"[<176] Was wollen wir also mit unserem relativ problemfreien Leben anfangen? Welchen Sinn wollen wir ihm geben? Damit sind nicht nur große Dinge wie Berufung, Erfüllung und Vermächtnis gemeint, sondern auch scheinbar kleine Dinge, wie Zeit mit Freunden zu verbringen oder einer Leidenschaft nachzugehen. [177>]Die Philosophin Martha Nussbaum zählt zu den grundlegenden Möglichkeiten, die jeder Mensch haben sollte, über die eigene Auffassung eines guten Lebens nachzudenken und sich darauf einzulassen.[<177] Wir sollten also herausfinden und bestimmen dürfen, wie unser individuelles gutes Leben aussehen kann. Und es stellt sich die Frage, wie sinnvoll Verbesserung und Fortschritt sind, wenn das Ziel nicht auch ist, ihre Früchte zu genießen.

Bedürfnisse sind individuell und schwer vergleichbar.

Es gibt sowohl Probleme als auch Möglichkeiten unter den verschiedensten Lebensumständen. Während wir uns nach dem nächsten Urlaub sehnen, arbeiten andere Menschen härter und länger als wir – und sehnen sich dabei vielleicht einfach nur nach genügend Geld und Essen für sich und ihre Familie. Unsere Probleme heißen Burnout und Depression. Woanders mangelt es an medizinischer Grundversorgung. Wir können hier in unserem relativ problemlosen Leben unglücklich sein und nichts mit unserer Zeit anzufangen wissen. Und ärmere Menschen können trotz ihrer Armut Glück empfinden und ihre Freizeit gestalten, nicht schlechter, nur eben anders als wir. Alle Sehnsüchte und Bedürfnisse sind aus der jeweiligen Situation heraus gerechtfertigt und nur, weil ein Problem sich nicht auf ein Grundbedürfnis bezieht, ist es trotzdem wert, gelöst zu werden. Je mehr Bedürfnisse befriedigt werden, desto höher steigt unser Bedürfnislevel. Wir sollten Armut nicht schönreden und Wohlstand nicht dramatisieren. Aber es wird deutlich, dass die subjektive Auffassung von Bedürfnissen so unterschiedlich sein kann, dass niemand darüber entscheiden sollte, welche Bedürfnisse gerechtfertig sind und welche nicht – auch, wenn das im extremen Vergleich manchmal absurd erscheint. Schließlich wollen wir keine globale Diktatur, die jedem von uns vorschreibt, wie eine bessere Welt auszusehen hat und was jedem zu diesem Zweck erlaubt und was verboten ist. Das wäre der erzwungene Weg zu einer vermeintlichen Utopie. Jeder hat das Recht, auf seinem Lebensniveau zu jammern und zu leiden, und jeder hat das Recht, sein Leben auf seinem Lebensniveau zu genießen und glücklich zu sein. Genauso sollte aber auch jeder das Recht haben, sein Lebensniveau mitzubestimmen, also die Chance auf Verbesserung und Fortschritt haben. Also liegen die Entscheidung und die Verantwortung, was wir uns erlauben wollen und können und was nicht, bei jedem von uns und bei uns allen gemeinsam.

Wenn es Verbesserung und Probleme immer auf unterschiedlichen Bedürfnisleveln gibt, wird es auch immer auf die ein oder andere Weise Ungerechtigkeit geben. Die Frage sollte also weniger lauten, ob wir die Früchte des Fortschritts und Wohlstands genießen dürfen und vielmehr, *wie wir Fortschritt und Wohlstand gestalten wollen und sollten,* damit möglichst *alle* etwas davon haben und sodass er möglichst *nicht* auf Kosten anderer geht. Dabei sollten wir uns daran erinnern, dass es nicht um eine Bilanz geht, sondern darum, bewusst zu leben und zu handeln. Wir müssen uns die langersehnte Fernreise nicht verbieten. Wenn wir uns genau überlegt haben, wo wir hinwollen und warum wir dorthin wollen, vermeiden wir nicht nur die Umwelteinflüsse unbedachter und dafür vielleicht häufigerer Reisen, sondern erleben unsere Reise vielleicht auch noch viel intensiver. Wenn wir gerne shoppen gehen, muss uns auch davon nichts abhalten. Vielleicht haben wir sogar noch mehr Freude daran, wenn wir dabei nicht dem neusten Trend hinterherhetzen, wissen, dass unsere Lieblingsteile unter fairen Bedingungen hergestellt wurden oder wir einem schönen Stück aus zweiter Hand ein neues Leben geben.

Und natürlich wollen wir auch einfach mal Zeit für uns verbringen und unser Leben genießen. Uns selbst etwas Gutes zu tun, muss dabei nicht im Widerspruch dazu stehen, auch anderen etwas Gutes zu tun. Wenn wir in dem Bewusstsein leben, dass wir Verantwortung für die Welt um uns herum tragen und sie verbessern können, und wenn wir dementsprechend handeln, dann sind Wohlstand genießen und Probleme lösen kein Widerspruch, sondern zwei unterschiedliche Stellen im Verbesserungsprozess. Auf der einen Seite genießen wir das Ergebnis von Verbesserung und wertschätzen unser Glück, unter so guten Umständen zu leben. Auf der anderen Seite tragen wir dazu bei, dass jeder die Möglichkeit hat, unter besseren Umständen zu leben.

Aber warum sollten wir uns eigentlich den Aufwand machen, uns um das Gemeinwohl zu sorgen? Sind wir uns nicht selbst am nächsten? Und haben wir nicht mehr vom Leben, wenn wir uns einfach nur auf uns konzentrieren? Darüber lässt sich wahrscheinlich diskutieren und auch hier gibt es keine klare Antwort. Aber es gibt Gründe, die dafür sprechen, dass gemeinnütziges Denken und Handeln nicht nur aus Gutherzigkeit und Selbstlosigkeit, sondern ganz logisch betrachtet und für jeden von uns Sinn er. Unser Leben ist zu kurz und zu wertvoll, um den Gedanken des Gemeinwohls über alles andere zu stellen. Die logische Schlussfolgerung aus diesem Gedanken ist aber auch, dass *alles* Leben zu kurz und zu wertvoll ist, um *keine* Rücksicht darauf zu nehmen. [178>]Die Vernunft sagt uns nicht nur, dass wir Rechte haben, wie z. B. das Recht uns zu bilden, das Recht auf Kultur oder Freundlichkeit. Sie sagt uns auch, dass wir nicht die Einzigen sind, denen diese Möglichkeiten und Rechte zur Verfügung stehen und dass es in unserer Verantwortung liegt, auch anderen zu ermöglichen, was wir für uns erwarten.[<178] Auf Kosten anderer zu leben, bringt nur einem von uns etwas. Aber gegenseitiges Wohlwollen bringt uns allen etwas. [179>]Auch in der Wirtschaft erwarten wir nicht, dass uns Produzenten aus Wohlwollen mit Gütern versorgen, sondern weil es in ihrem eigenen Interesse liegt. *„Durch freiwilligen Austausch nützen Menschen anderen, indem sie sich selbst nützen [...]“*.[<179] Dieses Prinzip lässt sich auch auf Themen wie Gemeinwohl und rücksichtsvolles Handeln übertragen. Der

Handel oder Austausch mag hier indirekter und abstrakter sein, er ist aber nichtsdestoweniger real und folgenreich. Wenn wir in den Schutz unserer Umwelt investieren, erhalten wir im Gegenzug funktionierende Ökosysteme, die unsere Lebensgrundlage darstellen. Wenn wir in das Wohlergehen unserer Mitmenschen investieren, erhalten wir im Gegenzug stabile und funktionierende Gesellschaften, die sich nicht bekriegen, uns Menschen versorgen und uns ein gutes Leben ermöglichen. [180>]Es ist also zum Wohle aller weiser, wenn wir uns auf gegenseitiges Wohlwollen einigen, anstatt uns auf die Möglichkeit einzulassen, dass wir einander Böses wollen.[<180]

Es ergibt sogar egoistisch gesehen Sinn, sich für eine bessere Welt einzusetzen. [181>]Je mehr Menschen es gut geht, desto besser kann das Leben von jedem Einzelnen sein. Das liegt in der Natur von Innovation, die getrieben ist von Angebot und Nachfrage. Das Angebot an Innovation erhöht sich, je mehr Menschen die Bildung und Freiheit haben, dazu beizutragen. Die Nachfrage erhöht sich, wenn Menschen wohlhabender werden und für neue Lösungen zahlen können. Wenn also viele Menschen etwas wollen und dafür bezahlen können, wird in diesem Bereich geforscht, entwickelt und verbessert. Das Leben derjenigen zu verbessern, denen es schlechter geht, hat also einen vervielfachenden Effekt. Nehmen wir als Beispiel ein Heilmittel für Krebs: Je mehr Menschen in die Forschung investieren wollen und können, desto schneller geht die Forschung voran. Und wenn es allen Menschen auf der Welt besser ginge, gäbe es nicht nur ein paar Innovationshotspots, sondern viele verschiedene überall auf der Welt, wovon wiederum jeder profitieren würde.[<181] Es spricht also einiges dafür, dass wir nicht nur an uns und nicht nur an andere denken sollten, sondern an uns *und* an andere.

g
der
ndiges
hen und
Anpassen.

„Wir werden
           nie
    eine perfekte
           Welt haben
       und es
           wäre gefährlich,
   danach zu suchen.
           Aber den
     Verbesserungen,
           die wir
    erreichen können,
           sind keine
     Grenzen gesetzt,
           wenn wir
      weiterhin
           Wissen einsetzen,
      um das
           Gedeihen
     der Menschheit
           zu fördern."

Steven Pinker [182]

GESUNDER
EGOISMUS

[183>]Eine Gefahr bei dem Versuch, die Welt zu verbessern, ist, dass wir uns selbst dabei vergessen. Engagement erfordert auf Dauer Selbstregulation, also die Fähigkeit, sich selbst zu beherrschen.[<183] Wir bemühen uns, bewusst zu leben, Entscheidungen und Verhaltensweisen zu hinterfragen und nach Alternativen zu suchen. All das erfordert Selbstbeherrschung. [184>]Aus psychologischer Sicht sollten wir mit dieser Fähigkeit allerdings sparsam umgehen, denn sie ist wie eine Batterie, die irgendwann leer ist und wieder aufgeladen werden muss.[184] Selbstbeherrschung erfordert Aufmerksamkeit und Anstrengung und ist ermüdend.[185] Wenn wir uns dazu zwingen müssen, etwas zu tun, wird es uns bei der nächsten Herausforderung schwerer fallen, wieder den nötigen Willen aufzubringen. Dieses Phänomen nennt sich *Selbsterschöpfung* (engl. Original: *Ego-Depletion*).[185] Wenn wir uns also zu viele Dinge verbieten und uns zu sehr verbiegen, um der Welt vermeintlich etwas Gutes zu tun, helfen wir am Ende niemandem mehr – weder unseren Mitmenschen noch unserer Umwelt und auch nicht uns selbst.[186] Wenn unser Engagement kräftezehrend ist und Selbstbeherrschung erfordert, brauchen wir Erholungsphasen, um langfristig motiviert zu bleiben. Wir sollten also einen Ausgleich schaffen zwischen den kräftezehrenden Aspekten des Engagements und Dingen, die uns Kraft zurückgeben. Das können Leidenschaften und Talente sein, die keine Selbstregulation erfordern[186] und die nichts mit unserem Engagement zu tun haben müssen. Das kann aber auch die Art und Weise sein, wie wir unser Engagement an sich gestalten. Wenn wir von einer Sache überzeugt sind, z. B. weniger Fleisch zu essen, nur noch Dinge zu kaufen, die wir wirklich haben wollen, oder weniger zu fliegen, und wenn wir diese Verhaltensänderung lange genug beibehalten, wird sie irgendwann zu unserer neuen Normalität. Dann bedeutet sie keinen Verzicht mehr und wir müssen uns nicht mehr daran erinnern. Rückblickend finden wir es dann vielleicht sogar seltsam, dass es jemals anders war. [187] So eine tatsächliche Veränderung hin zu einem Verhalten, das keinen Verzicht mehr bedeutet, erfordert Zeit und Achtsamkeit sich selbst gegenüber.[187] Wir sollten nicht zu viel von uns verlangen oder unsere eigenen Bedürfnisse unterdrücken, nur, weil sie vielleicht nicht nachhaltig sind. Es bringt nicht nur uns mehr, sondern auch anderen, wenn wir kontinuierlich an Verbesserung arbeiten, anstatt uns für einen kurzen Zeitraum so sehr auszubrennen, dass wir entweder selbst keine Freude und Motivation mehr bei unserem Engagement empfinden oder den Versuch, die Welt zu verbessern, sogar ganz an den Nagel hängen, weil uns der ständige Verzicht zu anstrengend ist. Verhaltensänderung hin zu einem nachhaltigeren Leben muss keinen Verzicht bedeuten. Damit wären wir

wieder bei dem negativen Image des Weltverbesserns, dass niemanden
motiviert, mitzumachen (siehe S. 119). Stattdessen geht es um das
Ausprobieren von Alternativen und darum, herauszufinden, wie jeder
von uns seinen Beitrag zu einer besseren Welt leisten kann, ohne sich
dafür selbst aufzugeben. Wahrscheinlich verändern wir uns auch selbst
während dieses Prozesses und lernen neue Seiten an uns kennen. Wenn
wir uns dabei erwischen, wie wir schmerzlich auf etwas verzichten, ist es
vielleicht Zeit, ein paar Gänge zurückzuschalten und zu schauen, ob es
nicht einen anderen Weg gibt. Und wenn wir mit genug Feingefühl an die
Sache rangehen, merken wir, dass das, was wir irgendwann mal für Verzicht gehalten haben, nur das Aufgeben von Dingen war, die wir gar nicht
so unbedingt brauchten und ohne die unser Leben vielleicht sogar bewusster und schöner geworden ist. [188>] Auch Marcel Hunecke plädiert für
Genuss und Vergnügen als Teil eines nachhaltigen Lebensstils, da wir uns
sonst ausschließlich auf die motivierende Kraft von Zielen und Leitideen
verlassen müssen, womit die Nachhaltigkeitsbewegung bisher nur einge-
schränkte Erfolge erzielen konnte. [<188] Die Idee dahinter ist also nicht nur,
dass es uns besser geht, während wir versuchen, die Welt zu verbessern,
sondern dass wir auch mehr bewirken können, wenn es uns besser geht.
Es geht nicht nur darum, welche Verhaltensweisen wir verändern, aufgeben oder beibehalten *können*, sondern genauso, welche wir verändern,
aufgeben oder beibehalten *wollen*. Denn auch, wenn wir uns mit unserem
Engagement für unsere Mitmenschen und unsere Umwelt oder für einen
bestimmten guten Zweck einsetzen, müssen wir letztlich auch selbst gut
damit leben können. Die Kunst liegt darin, eine Balance zwischen diesen
beiden Polen des individuellen und des Gemeinwohls zu finden. Das ist
keine einmalige Entscheidung, sondern ein andauernder Entscheidungsprozess, bei dem die Ausprägungen in die unterschiedlichen Richtungen
immer wieder neu abgefragt und austariert werden müssen. Würden wir
versuchen, eine Anleitung für gelungenes und ausgewogenes Engagement zu schreiben, wäre sie wahrscheinlich eine Mischung aus Kreislauf
und Balanceakt: Wir sind uns selbst am nächsten und wollen in der Regel
erstmal unsere eigenen Bedürfnisse befriedigen. Dabei sollten wir die
möglichen Auswirkungen auf unsere Mitmenschen und unsere Umwelt

bedenken und entsprechend rücksichtsvoll handeln. Dabei sollten wir unsere eigenen Bedürfnisse nicht aus den Augen verlieren und auf uns selbst achten. Dabei sollten wir die Bedürfnisse unserer Mitmenschen und unserer Umwelt nicht aus den Augen verlieren ... und immer so weiter. [189>]*„Wir können noch Milliarden von Sternen besuchen, Krankheiten heilen, Menschen helfen, glückliche Momente erleben und Videospiele durchspielen. Es gibt so viel zu tun. [...] Wenn das also dein einziges Leben ist, dann solltest du versuchen, so glücklich wie möglich zu sein. Bonuspunkte gibt es für jeden, der das Leben anderer Menschen besser macht. Und noch mehr Bonuspunkte bekommt jeder, der dazu beiträgt, ein galaktisches Imperium aufzubauen. Aber entscheide selbst, was Glück für dich bedeutet."*[<189]

„Das Ziel
von Fortschritt
kann es
nicht sein,
Glück
unendlich
zu steigern.
Aber es gibt
reichlich Unglück,
das verringert
werden kann,
und keine Grenze
dafür,
wie
bedeutungsvoll
unsere Leben
werden
können."

Steven Pinker [190]

EIN
ERFÜLLTES
LEBEN

Wir wollen die Welt verbessern. So selbstlos das erstmal klingen mag, bringt es auch mindestens einen Vorteil für uns mit sich: Wir sehen darin einen größeren Sinn und Erfüllung für unser eigenes Leben. Wir hoffen, dass es uns glücklich macht, etwas Gutes zu tun. Wenn wir aber von Sinn und Erfüllung sprechen, geht es um mehr als nur ums Glücklichsein. Daniel Kahneman beschreibt hierzu zwei Perspektiven, aus denen wir unser Leben betrachten: [191>]*Das Wohlbefinden, das wir erleben, während wir unser Leben leben und das Urteil, das wir fällen, wenn wir unser Leben bewerten.*[<191] Steven Pinker fasst es in folgende Worte: [192>]„*Glück ist nicht alles. Wir können Entscheidungen treffen, die uns auf kurze Sicht unglücklich machen, die uns aber über den Lauf eines Lebens hinweg erfüllen, wie ein Kind zu erziehen, ein Buch zu schreiben oder für eine gute Sache zu kämpfen.*"[<192] Und auch Hans Rosling kommt zu einer ähnlichen Erkenntnis: [193>]*Ich habe festgestellt, dass Unwissenheit zu bekämpfen und ein faktenbasiertes Weltbild zu verbreiten ein manchmal frustrierender, aber letzten Endes inspirierender und fröhlicher Weg ist, mein Leben zu verbringen.*"[<193] Es kann belastend sein, sich mit Problemen und Themen wie Umweltschutz, Krieg und Ungerechtigkeit zu beschäftigen. Und vielleicht wäre es leichter, wenn wir wegsehen und uns nicht kümmern würden. [194>]Als Menschheit stehen wir aber besser da, wenn wir uns auch mit schwierigen Themen auseinandersetzen[<194], Probleme angehen, Lösungen finden und Missstände verbessern. [195>]„*Stress, Sorge, Streit, Herausforderungen und Kämpfe machen ein Leben unglücklicher aber bedeutungsvoller. Es ist nicht so, dass Menschen mit bedeutungsvollen Leben masochistisch nach Problemen suchen, sondern dass sie ehrgeizige Ziele verfolgen.*"[<195] Das Streben nach Verbesserung scheint also ein gewisses Maß an temporärem Unglück mit sich zu bringen. Es kann unser Leben dafür aber auf lange Sicht und mit etwas mehr Abstand betrachtet erfüllter und zufriedener machen. Albert Camus schreibt zum Schicksal des Sisyphus: [196>]„*Der Kampf gegen Gipfel vermag ein Menschenherz auszufüllen.*"[<196] Auch der Versuch, die

Welt zu verbessern, ist ein Kampf gegen Gipfel. Und vielleicht bedeutet *„ein Menschenherz auszufüllen",* dass so ein Kampf mit seinem Leid und seiner Freude erfüllend im wahrsten Sinne des Wortes ist: Er macht uns weder nur glücklich noch nur unglücklich, sondern er macht beides und alles, was dazwischenliegt. Er füllt uns aus. Dabei gibt es keine allgemeingültige Definition für ein gutes Leben, in dem es sowohl uns gut geht als auch allen und allem um uns herum. Wie das aussehen kann, muss jeder von uns für sich herausfinden. Dabei geht es nicht um eine einmalige Entscheidung, nicht darum, die richtige Antwort zu finden. Es geht ums Ausprobieren und darum, sich durch Erfolge und Misserfolge und durch sich ständig verändernde Umstände und Erkenntnisse einzupendeln. Ein gutes Leben ist ein ständiges Streben danach: [197>]*„[...] ein gelingendes, [...] ein gutes Leben – nicht als Heilsgewissheit, sondern als beharrliches Versuchen."*[<197]

WIDERSPRÜCHE
IN
KÜRZE

1.

Widersprüche liegen in der Natur unserer komplexen Welt und in der Natur des Weltverbesserns. Wenn wir uns Widersprüche bewusst machen, die sich nicht auflösen lassen, können wir ein Stück weit aufhören, daran zu verzweifeln und unseren Frieden damit schließen.

2.

Wir sollten sowohl über die Sonnen- als auch über die Schattenseiten des Engagements offen sprechen. Denn erst, wenn wir über unsere eigenen Gedanken hinausblicken, können wir unsere Perspektive verändern, die Möglichkeiten erkennen, die in Sisyphusarbeit liegen, und dass wir nicht alleine sind bei dem Versuch, die Welt zu verbessern.

3.

Unser Leben zu genießen und die Welt zu verbessern sollten keine Gegensätze sein, sondern zwei Dinge, die sich gegenseitig bedingen. Dabei ist es für jeden von uns von Vorteil, wenn es uns allen gut geht. Und die Kunst liegt darin, eine Balance zu finden aus dem Gemeinwohl und dem eigenen Wohlergehen.

ES WAR EINMAL
EIN ANFANG

Während meines Studiums bekamen einige Kommilitonen und ich die Gelegenheit, unsere Arbeiten auf einer Designausstellung zu präsentieren. Im Verlauf des Abends sprach ich mit den Besuchern sowohl über meine Arbeit als auch über die Arbeiten der anderen, darüber, was es mit der ecosign/Akademie für Gestaltung auf sich hat, an der wir studierten, was man sich unter unserem Studiengang *Nachhaltiges Design* vorstellen kann und wie wir versuchen, die Welt mit unseren Projekten besser zu machen. Manche Leute waren interessierter, andere weniger interessiert, bei manchen hatte ich das Gefühl, sie verstehen nur Bahnhof, andere verstanden gefühlt sofort, worauf ich hinauswollte. Mit einem Paar hatte ich ein wirklich angeregtes Gespräch, sowohl über meine Arbeit als auch übers Weltverbessern, und ich hatte das Gefühl, wir waren ziemlich auf einer Wellenlänge. Wir sprachen darüber, wie jeder von uns einen Beitrag leisten kann, dass das nicht immer leicht ist, man sich aber auch nicht unterkriegen oder zu sehr stressen lassen und dran bleiben sollte. Ich teilte ein paar Erkenntnisse mit ihnen, die ich damals schon im Laufe meiner Recherche und Arbeit für dieses Buch hier gesammelt hatte. Als sie weiterzogen, drehte sich einer der beiden noch mal um und sagte zu mir: „*Danke, dass Sie versuchen, die Welt ein Stück besser zu machen.*" Er sagte das ganz ernst und aufrichtig zu mir und ich war richtig perplex und gerührt. Da war ich und versuchte, irgendwie meinen kleinen Teil zu einer besseren Welt beizutragen, war aber immer wieder verunsichert, ob das überhaupt irgendetwas brachte. Und dann kam ein völlig Fremder, der verstand, was ich da versuchte, und unabhängig davon, ob oder wie sehr ich die Welt nun tatsächlich verbesserte, den Wert und die Bedeutung meines Versuchs anerkannte. Genau so sollten wir unser eigenes Engagement betrachten. Es können scheinbar kleine Dinge sein, die einen Unterschied machen. Die Welt zu verbessern muss kein glorreicher Akt sein. Und es ist weniger eine Aufgabe, die wir erledigen müssen, als vielmehr eine Einstellung zum Leben. Dieses Buch ist eine Anregung zum Andersdenken. Manchmal wird uns das helfen. Manchmal nicht. Dann sehen wir die Welt in einem zu düsteren Licht, sind frustriert angesichts unlösbarer Probleme und endloser Widersprüche und suchen vergeblich das Ende der Sisyphusarbeit. Aber jetzt verstehen wir etwas besser, woran das liegt und dass es auch eine Frage unserer Einstellung und Perspektive ist, wie wir die Welt sehen und ob wir uns von Problemen frustrieren lassen. Dann nehmen wir Probleme nicht weniger ernst, können den Umgang mit ihnen aber gelassener nehmen. Wir müssen die Welt nicht retten. Aber wir können sie verbessern. Jeden Tag von Neuem.

WAS DIESES BUCH MIT DER PANDEMIE DURCH DAS CORONAVIRUS ZU TUN HAT

Die ersten Gedanken zu dem, was schließlich dieses Buch geworden ist, hatte ich Ende 2017. Wie ironisch, dass es jetzt ausgerechnet in dem Jahr erscheint, in dem die Pandemie durch das Coronavirus ausgebrochen ist. Ein Jahr, in dem wir uns vielleicht einmal mehr als ohnehin schon fragen: Ist die Welt noch zu retten? Ich möchte darauf aus zwei Gründen eingehen. Es ist mir wichtig, zu betonen, dass das Buch nicht im Zuge der Pandemie durch das Coronavirus entstanden ist und auch unabhängig davon seine Relevanz hat. Gleichzeitig ist die Pandemie ein mehr als passendes Beispiel dafür, wie uns die Erkenntnisse dieses Buchs weiterhelfen können. Unser Faktgefühl wird auf die Probe gestellt, unsere Fähigkeit, ruhig zu bleiben und Probleme zu lösen im Angesicht einer Ungewissheit, die viele von uns lange nicht mehr oder noch nie in ihrem Leben erlebt haben. Ich möchte in keiner Weise die Opfer, die diese Krise fordert und die Nachteile, die sie mit sich bringt, kleinreden. Aber Krisen haben es auch oft an sich, dass wir um einige Erkenntnisse reicher und in gewisser Weise gestärkt daraus hervorgehen.

So werden wir herausgefordert, Menschen in Entscheidungspositionen die Möglichkeit, den Raum und die Zeit einzugestehen, bestmögliche Entscheidungen zu treffen. Dabei werden und dürfen Fehler gemacht, Entscheidungen Schritt für Schritt getroffen, Entwicklungen beobachtet und getroffene Entscheidungen angepasst werden. Auch erkennen wir, dass wir besonders in einer Krisensituation, aber genauso in jeder anderen, selbst kreativ werden und Lösungen für Probleme finden können. Wir müssen nicht darauf warten, dass jemand anders für uns entscheidet oder unsere Probleme für uns löst. Stattdessen können wir diese Entscheidungen und Lösungen aktiv mitgestalten – nicht gegen-, sondern miteinander.

Vielleicht haben wir auch irgendwann einen Punkt erreicht, an dem wir uns irgendwie blöd vorkamen. Wenn wir gesehen haben, wie andere um uns herum ganz anders, weniger streng oder strenger mit der Situation umgegangen sind. Vielleicht ist es uns schwergefallen, zu entscheiden, was jetzt in Ordnung ist und was nicht. Wie viel Nähe darf sein und wie viel Abstand lässt sich ertragen? Vielleicht haben wir uns dann gefragt, ob wir das gerade richtig so machen oder ob wir uns von Anfang an anders, entspannter, vorsichtiger, besser hätten verhalten können und sollen. Vielleicht haben wir dabei alle Bemühungen der letzten Wochen in Frage gestellt – als wären all die Beschränkungen und die räumliche Trennung von unseren Lieben umsonst gewesen. Weil irgendwie ist ja alles halbwegs gut gegangen, zumindest bisher und zumindest hier (ganz konkret: in Deutschland). Und jetzt wird auch immer mehr wieder erlaubt. Nach dem Motto: *Dann hätten wir ja auch von Anfang an weitermachen können wie bisher!* Auch bei mir haben sich solche Gedanken eingeschlichen. Wir erwarten dramatische, einschneidende Berichte und Ereignisse, im Negativen wie im Positiven. Und irgendwie, wenn vielleicht auch unterbewusst, rechnen wir damit, dass es eines Tages, von heute auf morgen, heißt: *Die Krise ist vorbei! Die Pandemie besiegt und überstanden!* Das wird mit hoher Wahrscheinlichkeit nicht passieren. Der Weg aus der Krise wird ein Prozess bleiben, der so schleichend läuft, dass wir ihn kaum bemerken, wenn wir uns nicht darum bemühen, ihn zu sehen. Wieder haben wir eine falsche Vorstellung davon, wie die siegreichen Botschaften wirklich aussehen. Dass sich scheinbar nicht viel getan hat, ist ein Zeichen dafür, dass wir vieles richtig gemacht haben. Die viele Mühe, die wir in Maßnahmen gesteckt haben, war nicht etwa vergeudet, weil ja ohnehin nichts Schlimmes passiert ist. Es ist nichts Schlimmes passiert, gerade *weil* wir uns bemüht haben. [198] Eine aktuelle Studie besagt, dass in der Zeit bis zum 4. Mai 2020 in 11 europäischen Ländern insgesamt zwischen 2,8 und 3,5 Millionen Todesfälle durch verschiedene Maßnahmen zur Eindämmung des Coronavirus verhindert werden konnten.* [<198] Wie wir gelernt haben, sagen absolute Zahlen relativ wenig aus. Also betrachten wir zum Vergleich die Anzahl der tatsächlich beobachteten Todesfälle durch das Virus bis zum besagten Zeitpunkt in den besagten Ländern: [199>] Gerade

---

* Bei den Ländern aus der Studie handelt es sich um Österreich, Belgien, Dänemark, Frankreich, Deutschland, Italien, Norwegen, Spanien, Schweden, die Schweiz und Großbritannien. Die Maßnahmen, auf die die Studie sich bezieht und die in allen 11 Ländern eingesetzt wurden, umfassen Abstand halten, das Verbot öffentlicher Veranstaltungen, die Schließung von Schulen und Universitäten, fallbasierte Isolation und Ausgangssperre.

einmal 128.928 Menschen waren zu dem Zeitpunkt gestorben.[<199] Das ist keine schöne Zahl, aber im Vergleich zu 2,8 bis 3,5 Millionen zusätzlichen Todesfällen ist sie doch wunderschön klein. [200>] Einer weiteren Studie zufolge konnten bis zum 6. April 2020 schätzungsweise insgesamt 530 Millionen Infektionen in China, Südkorea, Italien, im Iran, in Frankreich und in den USA durch diverse Maßnahmen verhindert werden.* [<200 201>] Zum Vergleich: Die Zahl der bestätigten Infektionen in diesen Ländern lag zu diesem Zeitpunkt insgesamt lediglich bei 715.542.[<201] Beide Studien befinden sich gerade noch in der finalen Prüfung (Stand Juli 2020) und nicht nur in der Wissenschaft gilt, dass wir immer nur von unserem aktuellen Wissensstand ausgehen können. [202>] Auch Hans Rosling empfiehlt, Daten immer mit angebrachter Vorsicht zu genießen, weil es immer eine gewisse Unsicherheit gibt.[<202] Was wir allerdings daraus mitnehmen können, ist ein Trend. Und der zeigt ziemlich deutlich, dass all die Mühe und all die Opfer Wirkung zeigen und Leben retten. Vielleicht werden hieraus nicht nur die Konsumenten von Nachrichten lernen, sondern auch die Regisseure hinter der Berichterstattung. Wir brauchen mehr konstruktive Berichterstattung, die mit dem gleichen Elan aufgezogen wird wie negative Berichterstattung. Wir brauchen nicht nur Infos über Neuinfektionen, sondern auch über den Erfolg von Maßnahmen und vermiedene Infektionen, über Menschenleben, die gerettet wurden. Wir können eine Geschichte nicht verstehen und eine Situation nicht richtig einschätzen, wenn wir nur eine Perspektive kennen.

Die Pandemie gibt uns auch Anlass dazu, uns die Versäumnisse der Vergangenheit einzugestehen. Aber anstatt uns dafür zu schämen oder unsere Fehler zu verdrängen, sollten wir daraus lernen und Verbesserungen für das Jetzt und die Zukunft ableiten. Neben Erläuterungen dafür, warum wir uns über viele Dinge unnötig Sorgen machen, listet Hans Rosling in *Factfulness* einige tatsächliche Bedrohungen auf, über die wir uns

---

* Die eingesetzten Maßnahmen umfassen Schulschließung, Reiseverbot, Abstand halten, Isolation zu Hause, Quarantäne von positiven Fällen, Demonstrationsverbot, religiöse Schließung, Arbeit von zu Hause, Versammlungsverbote, Geschäftsschließungen und Veranstaltungsverbote. Die Wahl, Intensität und Reihenfolge der Maßnahmen unterscheidet sich dabei von Land zu Land.

sorgen und auf die wir uns vorbereiten *sollten* – [203] unter anderem eine globale Pandemie.[203 204] Auch Bill Gates plädierte bereits in einem TED Talk von 2015, rückblickend auf die Ebola-Epidemie, für den Ausbau eines globalen Gesundheitssystems, sodass wir als globale Gemeinschaft in Zukunft besser auf den Ausbruch einer Epidemie vorbereitet und gegen verheerende Folgen geschützt sind. Er vergleicht die Investitionen, die ins Militär fließen, mit fehlenden Investitionen in ein solches System. *„Heute sieht das größte Risiko einer globalen Katastrophe nicht so aus"*, sagt er und zeigt das Bild einer Atomexplosion. *„Stattdessen sieht es so aus"*, fährt er fort – und zeigt eine Abbildung des Influenza-Virus. *„Wenn irgendetwas über 10 Millionen Menschen innerhalb der nächsten Jahrzehnte umbringt, ist es sehr wahrscheinlich ein hoch ansteckender Virus und kein Krieg. Keine Raketen, sondern Mikroben."*[204] Wir müssen weiter daran arbeiten, dass wir als Menschheit näher zusammenrücken, uns der Tatsache bewusst werden, dass wir in einem Boot sitzen und alle Herausforderungen der Gegenwart und der Zukunft besser in einem Miteinander als in einem Gegeneinander bewältigen können.

Es ist schon seltsam, wie schwer es uns Menschen manchmal fällt, Dinge zu verändern und uns an neue Umstände anzupassen – dabei sind wir so gut darin. Am Anfang hatten wir vielleicht die Vorstellung einer Apokalypse vor Augen und haben uns gefragt, wie wir das nur überstehen sollen. Wir hatten Angst und Sorge und haben vielleicht erstmal nur all die Probleme gesehen und gar keine Lösungen. Aber die Welt hat sich weitergedreht und sie tut es noch. Wir machen einen Schritt nach dem nächsten und gehen ein Problem nach dem nächsten an. Dabei kommen wir in einem mehr oder weniger neuen Alltag an. Das gilt für die Pandemie durch das Coronavirus genauso wie für den Klimawandel und andere Herausforderungen. Dass sich unsere Welt ständig verändert, ist nichts Neues, nur ist es uns zurzeit bewusster als sonst. Und wenn wir irgendwann zurückblicken, werden wir hoffentlich sehen, dass wir einiges aus diesen Krisen gelernt und für unsere gemeinsame Zukunft mitgenommen haben.

QUELLENVERZEICHNIS

Quelle A:
United Nations (2017): *Report of the World Commission on Environment and Development: Our Common Future.* S. 41.
PDF-Download unter https://sustainabledevelopment.un.org/ milestones/wced. Zugriff am 26.05.2020.

Quelle B:
Durchschnittswerte von Our World in Data: *Life expectancy, 1543 to 2015.*
https://ourworldindata.org/grapher/life-expectancy. Zugriff am 02.06.2020.
Begründung von Rosling, Hans; Rosling, Ola; Rosling Rönnlund, Anna (2018): *Factfulness. Ten reasons we're wrong about the world – and why things are better than you think.* Sceptre: London. S. 54.

Quelle C:
Rosling, Hans; Rosling, Ola; Rosling Rönnlund, Anna (2018): *Factfulness. Ten reasons we're wrong about the world – and why things are better than you think.* Sceptre: London. S. 120. Mit Daten von Global Terrorism Database 2017. https://www.start.umd.edu/gtd/. Und mit Daten von Gapminder: *Four income levels.* https://www.gapminder.org/topics/four-income-levels/.

Quelle D:
Pinker, Steven (2018): *Enlightenment now – The case for reason, science, humanism, and progress.* Viking: New York. S. 367.

1   Pinker, Steven (2018): *Enlightenment now – The case for reason, science, humanism, and progress.* Viking: New York. S. 323 und Diagramm auf S. 202. Mit Daten von HumanProgress: *Democracy versus autocracy over time.* https://humanprogress.org/story/2560.

2   Pinker, Steven (2018): *Enlightenment now – The case for reason, science, humanism, and progress.* Viking: New York. S. 157–158. Mit Daten von Levy, J. S., & Thompson, W. R. (2011): *The arc of war: Origins, escalation, and transformation.* University of Chicago Press: Chicago.

3   Pinker, Steven (2018): *Enlightenment now – The case for reason, science, humanism, and progress.* Viking: New York. S. 322.

4   Gapminder (04.10.2018): *Detailed notes for the book factfulness. Document Version: 3.* S. 7. PDF-Download unter https://www.gapminder.org/factfulness-book/notes/. Mit Daten von World Bank: *Poverty headcount ratio at $1.90 a day (2011 PPP) (% of population).* https://data.worldbank.org/indicator/SI.POV.DDAY.

5   Pinker, Steven (2018): *Enlightenment now – The case for reason, science, humanism, and progress.* Viking: New York. S. 322.

6   Rosling, Hans; Rosling, Ola; Rosling Rönnlund, Anna (2018): *Factfulness. Ten reasons we're wrong about the world – and why things are better than you think.* Sceptre: London. S. 77 und 82. Mit Daten von United Nations, Department of Economic and Social Affairs, Population Division (2017): *World Population Prospects. Key findings and advance tables. 2017 Revision.* New York: United Nations. S. 2 laut Paginierung bzw. S. 8 im PDF. PDF-Download unter https://population.un.org/wpp/Publications/.

7   Pinker, Steven (2018): *Enlightenment now – The case for reason, science, humanism, and progress.* Viking: New York. S. 6. Übersetzt aus dem Englischen: „*the greatest story seldom told.*"

8   Rosling, Hans; Rosling, Ola; Rosling Rönnlund, Anna (2018): *Factfulness. Ten reasons we're wrong about the world – and why things are better than you think.* Sceptre: London. S. 51. Übersetzt aus dem Englischen: „*the secret silent miracle of human progress.*"

9   Pinker, Steven (2018): *Enlightenment now – The case for reason, science, humanism, and progress.* Viking: New York. S. 323 und Diagramm auf S. 202. Mit Daten von HumanProgress: *Democracy versus autocracy over time,* https://humanprogress.org/story/2560.

10   Pinker, Steven (2018): *Enlightenment now – The case for reason, science, humanism, and progress.* Viking: New York. S. 322.

11   Our World in Data: *State-based battle-related deaths per 100,000 since 1946, 1946 to 2016.* https://ourworldindata.org/grapher/state-based-battle-related-deaths-per-100000-since-1946. Zugriff am 26.05.2020.
     Zur Berechnung der Werte habe ich drei Spitzenwerte aus dem Diagramm genommen:
     1950 gab es 21,64 Tode pro 100.000 Menschen.
     1972 gab es 7,56 Tode pro 100.000 Menschen.
     1984 gab es 4,97 Tode pro 100.000 Menschen.
     … und sie mit dem Wert von 2016 verglichen:
     2016 gab es 1,17 Tode pro 100.000 Menschen.
     $(1,17/4,97)*100 = 23,54\%$
     Der Wert von 2016 entspricht ca. 24% des Wertes von 1984.
     $(1,17/7,56)*100 = 15,48\%$
     Der Wert von 2016 entspricht ca. 15% des Wertes von 1972.
     $(1,17/21,64)*100 = 5,41$
     Der Wert von 2016 entspricht ca. 5% des Wertes von 1950.

12   Rosling, Hans; Rosling, Ola; Rosling Rönnlund, Anna (2018): *Factfulness. Ten reasons we're wrong about the world – and why things are better than you think.* Sceptre: London. S. 34.

13   Rosling, Hans; Rosling, Ola; Rosling Rönnlund, Anna (2018): *Factfulness. Ten reasons we're wrong about the world – and why things are better than you think.* Sceptre: London. S. 33 u. 37. Mit Daten von Gapminder: *Four income levels.* https://www.gapminder.org/topics/four-income-levels/.

14   Rosling, Hans; Rosling, Ola; Rosling Rönnlund, Anna (2018): *Factfulness. Ten reasons we're wrong about the world – and why things are better than you think.* Sceptre: London. S. 35–36.

15   Rosling, Hans; Rosling, Ola; Rosling Rönnlund, Anna (2018): *Factfulness. Ten reasons we're wrong about the world – and why things are better than you think.* Sceptre: London. S. 84–85.

16   TED: *Is the world getting better or worse? A look at the numbers.* https://www.ted.com/talks/steven_pinker_is_the_world_getting_better_or_worse_a_look_at_the_numbers?utm_campaign=tedspread&utm_medium=referral&utm_source=tedcomshare. Zitat ab 12:33 Minuten. Zugriff am: 22.06.2020. Übersetzt aus dem Englischen: „*Problems are inevitable and solutions create new problems which have to be solved in their turn. The unsolved problems facing the world today are gargantuan, (…) but we must see them as problems to be solved, not apocalypses in waiting.*"

17 Rosling, Hans; Rosling, Ola; Rosling Rönnlund, Anna (2018): *Factfulness. Ten reasons we're wrong about the world – and why things are better than you think.* Sceptre: London. S. 327–328.

18 Rosling, Hans; Rosling, Ola; Rosling Rönnlund, Anna (2018): *Factfulness. Ten reasons we're wrong about the world – and why things are better than you think.* Sceptre: London. S. 50. Und Gapminder (04.10.2018): *Detailed notes for the book factfulness. Document Version: 3.* S. 30. PDF-Download unter https://www.gapminder.org/factfulness-book/notes/. Mit Daten von YouGov (2015): *YouGov Survey Results – Optimism.* PDF-Download unter https://d25d2506sfb94s.cloudfront.net/cumulus_uploads/document/z2knhgzguv/GB_Website.pdf. Und mit Daten von Ipsos MORI UK Limited (2017): *Mind the gap – Misperceptions about the world.* S. 24. PDF-Download unter https://www.ipsos.com/ipsos-mori/en-uk/mind-gap-ipsos-mori-survey-gapminder.

19 Rosling, Hans; Rosling, Ola; Rosling Rönnlund, Anna (2018): *Factfulness. Ten reasons we're wrong about the world – and why things are better than you think.* Sceptre: London. S. 6.

20 Rosling, Hans; Rosling, Ola; Rosling Rönnlund, Anna (2018): *Factfulness. Ten reasons we're wrong about the world – and why things are better than you think.* Sceptre: London. S. 276 (Fact Question 1). Mit Daten von World Bank: *Primary completion rate, female (% of relevant age group).* https://data.worldbank.org/indicator/SE.PRM.CMPT.FE.ZS?end=2019&start=1970&view=chart.

21 Rosling, Hans; Rosling, Ola; Rosling Rönnlund, Anna (2018): *Factfulness. Ten reasons we're wrong about the world – and why things are better than you think.* Sceptre: London. S. 278 (Fact Question 11). Mit Daten von IUCN Red List of Threatened Species. www.iucnredlist.org.

22 Rosling, Hans; Rosling, Ola; Rosling Rönnlund, Anna (2018): *Factfulness. Ten reasons we're wrong about the world – and why things are better than you think.* Sceptre: London. S. 8–9.

23 Rosling, Hans; Rosling, Ola; Rosling Rönnlund, Anna (2018): *Factfulness. Ten reasons we're wrong about the world – and why things are better than you think.* Sceptre: London. S. 69.

24 Rosling, Hans; Rosling, Ola; Rosling Rönnlund, Anna (2018): *Factfulness. Ten reasons we're wrong about the world – and why things are better than you think.* Sceptre: London. S. 12.

25 Pinker, Steven (2018): *Enlightenment now – The case for reason, science, humanism, and progress.* Viking: New York. S. 47.

26 Kahneman, Daniel (2012): *Schnelles Denken, langsames Denken.* Siedler Verlag: München. S. 370.

27 Pinker, Steven (2018): *Enlightenment now – The case for reason, science, humanism, and progress.* Viking: New York. S. 48.

28 Pinker, Steven (2018): *Enlightenment now – The case for reason, science, humanism, and progress.* Viking: New York. S. 293.

29 Definition des Begriffs Negativitäts-Verzerrung von Pinker, Steven (2018): *Enlightenment now – The case for reason, science, humanism, and progress.* Viking: New York. S. 47–48. Begriff der Negativitäts-Dominanz von Kahneman, Daniel (2012): *Schnelles Denken, langsames Denken.* Siedler Verlag: München. S. 371. Mit Bezug auf Rozin, Paul und Royzman, Edward B. (2001): *Negativity Bias, Negativity Dominance, and Contagion.* Personality and Social Psychology Review 5: S. 296–320.

30 Kahneman, Daniel (2012): *Schnelles Denken, langsames Denken.* Siedler Verlag: München. S. 315–316.

31 Pinker, Steven (2018): *Enlightenment now – The case for reason, science, humanism, and progress.* Viking: New York. S. 40.

32 Kahneman, Daniel (2012): *Schnelles Denken, langsames Denken.* Siedler Verlag: München. S. 33.

33 Kahneman, Daniel (2012): *Schnelles Denken, langsames Denken.* Siedler Verlag: München. S. 34.

34 siehe vorherige Endnote

35 Kahneman, Daniel (2012): *Schnelles Denken, langsames Denken.* Siedler Verlag: München. S. 38.

36 Kahneman, Daniel (2012): *Schnelles Denken, langsames Denken.* Siedler Verlag: München. S. 35–37.

37 Kahneman, Daniel (2012): *Schnelles Denken, langsames Denken.* Siedler Verlag: München. S. 33.

38 Kahneman, Daniel (2012): *Schnelles Denken, langsames Denken.* Siedler Verlag: München. S. 37–38.

39 Kahneman, Daniel (2012): *Schnelles Denken, langsames Denken.* Siedler Verlag: München. S. 107.

40 Kahneman, Daniel (2012): *Schnelles Denken, langsames Denken.* Siedler Verlag: München. S. 139–140.

41 Kahneman, Daniel (2012): *Schnelles Denken, langsames Denken.* Siedler Verlag: München. S. 106–107.

42 Kahneman, Daniel (2012): *Schnelles Denken, langsames Denken.* Siedler Verlag: München. S. 37.

43 Kahneman, Daniel (2012): *Schnelles Denken, langsames Denken.* Siedler Verlag: München. S. 127.

44 Rosling, Hans; Rosling, Ola; Rosling Rönnlund, Anna (2018): *Factfulness. Ten reasons we're wrong about the world – and why things are better than you think.* Sceptre: London. S. 13–14.

45 Rosling, Hans; Rosling, Ola; Rosling Rönnlund, Anna (2018): *Factfulness. Ten reasons we're wrong about the world – and why things are better than you think.* Sceptre: London. S. 46.

46 siehe vorherige Endnote

47 Rosling, Hans; Rosling, Ola; Rosling Rönnlund, Anna (2018): *Factfulness. Ten reasons we're wrong about the world – and why things are better than you think.* Sceptre: London. S. 48.

48 Rosling, Hans; Rosling, Ola; Rosling Rönnlund, Anna (2018): *Factfulness. Ten reasons we're wrong about the world – and why things are better than you think.* Sceptre: London. S. 74.

49 siehe vorherige Endnote

50 Rosling, Hans; Rosling, Ola; Rosling Rönnlund, Anna (2018): *Factfulness. Ten reasons we're wrong about the world – and why things are better than you think.* Sceptre: London. S. 77–78.

51 Rosling, Hans; Rosling, Ola; Rosling Rönnlund, Anna (2018): *Factfulness. Ten reasons we're wrong about the world – and why things are better than you think.* Sceptre: London. S. 81–82.

52 Rosling, Hans; Rosling, Ola; Rosling Rönnlund, Anna (2018): *Factfulness. Ten reasons we're wrong about the world – and why things are better than you think.* Sceptre: London. S. 92–93.

53 Rosling, Hans; Rosling, Ola; Rosling Rönnlund, Anna (2018): *Factfulness. Ten reasons we're wrong about the world – and why things are better than you think.* Sceptre: London. S. 105–107.

54 Rosling, Hans; Rosling, Ola; Rosling Rönnlund, Anna (2018): *Factfulness. Ten reasons we're wrong about the world – and why things are better than you think.* Sceptre: London. S. 123.

55 Rosling, Hans; Rosling, Ola; Rosling Rönnlund, Anna (2018): *Factfulness. Ten reasons we're wrong about the world – and why things are better than you think.* Sceptre: London. S. 128.

56 Rosling, Hans; Rosling, Ola; Rosling Rönnlund, Anna (2018): *Factfulness. Ten reasons we're wrong about the world – and why things are better than you think.* Sceptre: London. S. 143 und S. 130–131 zu dem Beispiel der Tode unter Neugeborenen.

57 Rosling, Hans; Rosling, Ola; Rosling Rönnlund, Anna (2018): *Factfulness. Ten reasons we're wrong about the world – and why things are better than you think.* Sceptre: London. S. 146.

58 Rosling, Hans; Rosling, Ola; Rosling Rönnlund, Anna (2018): *Factfulness. Ten reasons we're wrong about the world – and why things are better than you think.* Sceptre: London. S. 165.

59 siehe vorherige Endnote

60 Rosling, Hans; Rosling, Ola; Rosling Rönnlund, Anna (2018): *Factfulness. Ten reasons we're wrong about the world – and why things are better than you think.* Sceptre: London. S. 167–168.

61 Rosling, Hans; Rosling, Ola; Rosling Rönnlund, Anna (2018): *Factfulness. Ten reasons we're wrong about the world – and why things are better than you think.* Sceptre: London. S. 184.

62 Rosling, Hans; Rosling, Ola; Rosling Rönnlund, Anna (2018): *Factfulness. Ten reasons we're wrong about the world – and why things are better than you think.* Sceptre: London. S. 186.

63 Rosling, Hans; Rosling, Ola; Rosling Rönnlund, Anna (2018): *Factfulness. Ten reasons we're wrong about the world – and why things are better than you think.* Sceptre: London. S. 202–203.

64 Rosling, Hans; Rosling, Ola; Rosling Rönnlund, Anna (2018): *Factfulness. Ten reasons we're wrong about the world – and why things are better than you think.* Sceptre: London. S. 206–207.

65 Rosling, Hans; Rosling, Ola; Rosling Rönnlund, Anna (2018): *Factfulness. Ten reasons we're wrong about the world – and why things are better than you think.* Sceptre: London. S. 222.

66 Rosling, Hans; Rosling, Ola; Rosling Rönnlund, Anna (2018): *Factfulness. Ten reasons we're wrong about the world – and why things are better than you think.* Sceptre: London. S. 227–228.

67 Rosling, Hans; Rosling, Ola; Rosling Rönnlund, Anna (2018): *Factfulness. Ten reasons we're wrong about the world – and why things are better than you think.* Sceptre: London. S. 242.

68 Pinker, Steven (2018): *Enlightenment now – The case for reason, science, humanism, and progress.* Viking: New York. S. 42. Mit Bezug auf Jackson, Jodie (2016): *Publishing the positive: Exploring the perceived motivations for and the consequences of reading solutions-focused journalism.* https://www.constructivejournalism.org/wp-content/uploads/2016/11/Publishing-the-Positive_MA-thesis-research-2016_Jodie-Jackson.pdf.

69 siehe vorherige Endnote

70 Pinker, Steven (2018): *Enlightenment now – The case for reason, science, humanism, and progress.* Viking: New York. S. 50–51 mit Daten von Leetaru, Kalev H. (2011): *Culturomics 2.0: Forecasting large-scale human behavior using global news media tone in time and space.* In: First Monday, Volume 16, Number 9 vom 05.09.2011. http://firstmonday.org/article/view/3663/3040.

71 Rosling, Hans; Rosling, Ola; Rosling Rönnlund, Anna (2018): *Factfulness. Ten reasons we're wrong about the world – and why things are better than you think.* Sceptre: London. S. 66–67.

72 Pinker, Steven (2018): *Enlightenment now – The case for reason, science, humanism, and progress.* Viking: New York. S. 287. Übersetzt aus dem Englischen: „*One of the challenges of modernity is how to grapple with a growing portfolio of responsibilities without worrying ourselves to death.*"

73 Kahneman, Daniel (2012): *Schnelles Denken, langsames Denken.* Siedler Verlag: München. S. 20.

74 Kahneman, Daniel (2012): *Schnelles Denken, langsames Denken.* Siedler Verlag: München. S. 179.

75 Kahneman, Daniel (2012): *Schnelles Denken, langsames Denken.* Siedler Verlag: München. S. 396–397.

76 Pinker, Steven (2018): *Enlightenment now – The case for reason, science, humanism, and progress.* Viking: New York. S. 41.

77 Kahneman, Daniel (2012): *Schnelles Denken, langsames Denken.* Siedler Verlag: München. S. 20.

78 Kahneman, Daniel (2012): *Schnelles Denken, langsames Denken.* Siedler Verlag: München. S. 409–410.

79 Kahneman, Daniel (2012): *Schnelles Denken, langsames Denken.* Siedler Verlag: München. S. 383.

80 Pinker, Steven (2018): *Enlightenment now – The case for reason, science, humanism, and progress.* Viking: New York. S. 292.

81 Pinker, Steven (2018): *Enlightenment now – The case for reason, science, humanism, and progress.* Viking: New York. S. 291. Mit Bezug auf Berry, K.; Lewis, P.; Pelopidas, B.; Sokov, N.; Wilson, W. (2010): *Delegitimizing nuclear weapons: Examining the validity of nuclear deterrence.* Monterey Institute of International Studies: Monterey, CA. Und mit Bezug auf Preble, C. (2004): *John F. Kennedy and the missile gap.* Northern Illinois University Press: DeKalb.

82 Pinker, Steven (2018): *Enlightenment now – The case for reason, science, humanism, and progress.* Viking: New York. S. 292.

83 Mingels, Guido (2017): *Früher war alles schlechter – Warum es uns trotz Kriegen, Krankheiten und Katastrophen immer besser geht.* Deutsche Verlags-Anstalt: München. S. 11.

84 Pinker, Steven (2018): *Enlightenment now – The case for reason, science, humanism, and progress.* Viking: New York. S. 295.

85 Pinker, Steven (2018): *Enlightenment now – The case for reason, science, humanism, and progress.* Viking: New York. S. 311. Mit Bezug auf Sandman, P. M.; Valenti, J. M. (1986): *Scared stiff – or scared into action.* Bulletin of the Atomic Scientists, 12–16.

86 Koglin, Ilona und Rohde, Marek (2016): *Und jetzt retten wir die Welt! Wie du die Veränderung wirst, die du dir wünschst – Das Handbuch für Idealisten und Querdenker.* Kosmos: Stuttgart. S. 6.

87 Rosling, Hans; Rosling, Ola; Rosling Rönnlund, Anna (2018): *Factfulness. Ten reasons we're wrong about the world – and why things are better than you think.* Sceptre: London. S. 241. Übersetzt aus dem Englischen: „*I don't tell you not to worry. I tell you to worry about the right things. Be less stressed by the imaginary problems of an overdramatic world, and more alert to the real problems and how to solve them.*"

88 Sáenz-Arroyo, Andrea; Roberts, Callum M.; Torre, Jorge; Cariño-Olvera, Micheline; Enríquez-Andrade, Roberto R. (2005): *Rapidly shifting environmental baselines among fishers of the Gulf of California.* In: Proceedings of the Royal Society B: Biological Sciences 272/2005, S. 1957–1959.

89 Pinker, Steven (2018): *Enlightenment now – The case for reason, science, humanism, and progress.* Viking: New York. S. 49.

90 Baumeister, Roy F.; Bratslavsky, Ellen; Finkenauer, Catrin; Vohs, Kathleen D. (2001): *Bad is stronger than good.* In: Review of General Psychology, Vol. 5. No. 4./2001. S. 343.

91 Pinker, Steven (2018): *Enlightenment now – The case for reason, science, humanism, and progress.* Viking: New York. S. 41.

92 Rosling, Hans; Rosling, Ola; Rosling Rönnlund, Anna (2018): *Factfulness. Ten reasons we're wrong about the world – and why things are better than you think.* Sceptre: London. S. 51. Übersetzt aus dem Englischen: „*I'm not talking about some trivial positive news to supposedly balance out the negative. I'm talking about fundamental improvements that are world-changing but are too slow, too fragmented, or too small one-by-one to ever qualify as news. I'm talking about the secret silent miracle of human progress.*"

93 Harari, Yuval Noah (2015): *Eine kurze Geschichte der Menschheit.* Pantheon: München. S. 205.

94 Rosling, Hans; Rosling, Ola; Rosling Rönnlund, Anna (2018): *Factfulness. Ten reasons we're wrong about the world – and why things are better than you think.* Sceptre: London. S. 69. Übersetzt aus dem Englischen: „*I'm not an optimist. That makes me sound naïve. I'm a very serious ‚possibilist'. That's something I made up. It means someone who neither hopes without reason, nor fears without reason, someone who constantly resists the overdramatic worldview.*"

95 Pinker, Steven (2018): *Enlightenment now – The case for reason, science, humanism, and progress.* Viking: New York. S. 327.

96 Pinker, Steven (2018): *Enlightenment now – The case for reason, science, humanism, and progress.* Viking: New York. S. 45–46.

97 siehe vorherige Endnote

98 Mingels, Guido (2017): *Früher war alles schlechter – Warum es uns trotz Kriegen, Krankheiten und Katastrophen immer besser geht.* Deutsche Verlags-Anstalt: München. S. 11

99 Rosling, Hans; Rosling, Ola; Rosling Rönnlund, Anna (2018): *Factfulness. Ten reasons we're wrong about the world – and why things are better than you think.* Sceptre: London. S. 17.

100 Rosling, Hans; Rosling, Ola; Rosling Rönnlund, Anna (2018): *Factfulness. Ten reasons we're wrong about the world – and why things are better than you think.* Sceptre: London. S. 10. Übersetzt aus dem Englischen: „*When you use the GPS in your car, it is important that it is using the right information. You wouldn't trust it if it seemed to be navigating you through a different city than the one you were in, because you would know that you would end up in the wrong place. So how could policy makers and politicians solve global problems if they were operating on the wrong facts? How could business people make sensible decisions for their organizations if their worldview were upside down? And how could each person going about their life know which issues they should be stressed and worried about?*"

101 Rittel, Horst W. J. (1992): *Planen, Entwerfen, Design.* Kohlhammer: Stuttgart. S. 20–21.

102 Rittel, Horst W. J. (1992): *Planen, Entwerfen, Design.* Kohlhammer: Stuttgart. S. 22.

103 Rittel, Horst W. J. (1992): *Planen, Entwerfen, Design.* Kohlhammer: Stuttgart. S. 24.

104 Rittel, Horst W. J. (1992): *Planen, Entwerfen, Design.* Kohlhammer: Stuttgart. S. 24–25.

105 Rittel, Horst W. J. (1992): *Planen, Entwerfen, Design.* Kohlhammer: Stuttgart. S. 25.

106 Rittel, Horst W. J. (1992): *Planen, Entwerfen, Design.* Kohlhammer: Stuttgart. S. 25–26.

107 Rittel, Horst W. J. (1992): *Planen, Entwerfen, Design.* Kohlhammer: Stuttgart. S. 26–27.

108 Rittel, Horst W. J. (1992): *Planen, Entwerfen, Design.* Kohlhammer: Stuttgart. S. S. 27–28.

109 Rittel, Horst W. J. (1992): *Planen, Entwerfen, Design.* Kohlhammer: Stuttgart. S. S. 28–29.

110 Rittel, Horst W. J. (1992): *Planen, Entwerfen, Design.* Kohlhammer: Stuttgart. S. 29–30.

111 Rittel, Horst W. J. (1992): *Planen, Entwerfen, Design.* Kohlhammer: Stuttgart. S. S. 31.

112 Hunecke, Marcel (2013): *Psychische Ressourcen zur Förderung nachhaltiger Lebensstile.* Denkwerk Zukunft – Stiftung kulturelle Erneuerung: Bonn. S. 25–26.

113 siehe vorherige Endnote

114 WWF (2017): *Strategie des WWF 2018 bis 2022.*
https://www.wwf.de/ueber-uns/strategie-des-wwf/. Zugriff am 22.10.2018.

115 Bundesministerium für wirtschaftliche Zusammenarbeit und Entwicklung (März 2017):
Der Zukunftsvertrag für die Welt – Die Agenda 2030 für nachhaltige Entwicklung. S. 8.
PDF-Download unter: http://www.bmz.de/de/mediathek/publikationen/reihen/
infobroschueren_flyer/infobroschueren/Materialie270_zukunftsvertrag.pdf.
Zugriff am 18.06.2020.

116 Kahneman, Daniel (2012): *Schnelles Denken, langsames Denken.* Siedler Verlag: München.
S. 112.

117 Kahneman, Daniel (2012): *Schnelles Denken, langsames Denken.* Siedler Verlag: München.
S. 303–305.

118 Kahneman, Daniel (2012): *Schnelles Denken, langsames Denken.* Siedler Verlag: München.
S. 308. Mit Bezug auf Kahneman, Daniel; Tversky, Amos (1979): *Intuitive Prediction: Biases
and Corrective Procedures.* Management Science 12. S. 313–327.

119 Kahneman, Daniel (2012): *Schnelles Denken, langsames Denken.* Siedler Verlag: München.
S. 306–308.

120 Kahneman, Daniel (2012): *Schnelles Denken, langsames Denken.* Siedler Verlag: München.
S. 308.

121 Kahneman, Daniel (2012): *Schnelles Denken, langsames Denken.* Siedler Verlag: München.
S. 26.

122 Kahneman, Daniel (2012): *Schnelles Denken, langsames Denken.* Siedler Verlag: München.
S. 254.

123 Kahneman, Daniel (2012): *Schnelles Denken, langsames Denken.* Siedler Verlag: München.
S. 249–250.

124 ResearchGate: *Nancy Charlotte Roberts.*
https://www.researchgate.net/profile/Nancy_Roberts8. Zugriff am: 20.06.2020.

125 Roberts, Nancy (2000): *Wicked problems and network approaches to resolution.*
International Public Management Review, Band 1, Ausgabe 1.
International Public Management Network. S. 3–5.

126 Roberts, Nancy (2000): *Wicked problems and network approaches to resolution.*
International Public Management Review, Band 1, Ausgabe 1.
International Public Management Network. S. 3–6.

127 Roberts, Nancy (2000): *Wicked problems and network approaches to resolution.*
International Public Management Review, Band 1, Ausgabe 1.
International Public Management Network. S. 3–4 und 6–7.

128 Roberts, Nancy (2000): *Wicked problems and network approaches to resolution.*
International Public Management Review, Band 1, Ausgabe 1.
International Public Management Network. S. 7–12.

129 Roberts, Nancy (2000): *Wicked problems and network approaches to resolution.* International Public Management Review, Band 1, Ausgabe 1. International Public Management Network. S. 12.

130 Roberts, Nancy (2000): *Wicked problems and network approaches to resolution.* International Public Management Review, Band 1, Ausgabe 1. International Public Management Network. S. 12–13.

131 Roberts, Nancy (2000): *Wicked problems and network approaches to resolution.* International Public Management Review, Band 1, Ausgabe 1. International Public Management Network. S. 13–14.

132 Roberts, Nancy (2000): *Wicked problems and network approaches to resolution.* International Public Management Review, Band 1, Ausgabe 1. International Public Management Network. S. 14–15.

133 Roberts, Nancy (2000): *Wicked problems and network approaches to resolution.* International Public Management Review, Band 1, Ausgabe 1. International Public Management Network. S. 16. Übersetzt aus dem Englischen: „*Ultimately, we learn that to lead, facilitate and participate in such collective undertakings requires an act of faith. It begins with the hope that there is a better way of doing things, a recognition that failure is possible, and a willingness to ‚trust the process‘ without guarantees of a particular outcome. It is sustained on personal reserves that enable people to remain calm and centered in the face of the unknown and the unknowable.*"

134 Hunecke, Marcel (2013): *Psychische Ressourcen zur Förderung nachhaltiger Lebensstile.* Denkwerk Zukunft – Stiftung kulturelle Erneuerung: Bonn. S. 25. Mit Bezug auf Schwarzer, Ralf (2004): *Psychologie des Gesundheitsverhaltens. Eine Einführung in die Gesundheitspsychologie.* 3. Auflage. Hogrefe: Göttingen. S. 12.

135 Hamann, Karen; Baumann, Anna; Löschinger, Daniel (2016): *Psychologie im Umweltschutz – Handbuch zur Förderung nachhaltigen Handelns.* Oekom: München. S. 33. Mit Bezug auf Hines, J. M., Hungerford, H. R.; Tomera, A. N. (1987): *Analysis and synthesis of research on responsible environmental behavior: A meta-analysis.* Journal of Environmental Education, 18, 1–8.

136 Hamann, Karen; Baumann, Anna; Löschinger, Daniel (2016): *Psychologie im Umweltschutz – Handbuch zur Förderung nachhaltigen Handelns.* Oekom: München. S. 33. Mit Bezug auf Homburg, A.; Stolberg, A. (2006): *Explaining pro-environmental behavior with a cognitive theory of stress.* Journal of Environmental Psychology, 26, 1–14.

137 Schulze, Gerhard (2003): *Die beste aller Welten.* Carl Hanser Verlag: München Wien. S. 316

138 Schulze, Gerhard (2003): *Die beste aller Welten.* Carl Hanser Verlag: München Wien. S. 317

139 Google: *Earth Day 2018 Google Doodle.* https://youtu.be/q8v9MvManKE. Zitat ab 00:59 Minuten. (Interview mit Jane Goodall) Zugriff am: 03.07.2020. Übersetzt aus dem Englischen: „*Out in the rainforest you learn how everything is interconnected and each little species, even though it may seem insignificant, has a role to play in this tapestry of life. [...] Every single individual matters. Every single individual makes some impact on the planet every single day. And we have a choice as to what kind of difference we're going to make.*"

140 Hunecke, Marcel (2013): *Psychische Ressourcen zur Förderung nachhaltiger Lebensstile.* Denkwerk Zukunft – Stiftung kulturelle Erneuerung: Bonn. S. 59–60.

141 Rittel, Horst W. J. (1992): *Planen, Entwerfen, Design.* Kohlhammer: Stuttgart. S. 384.

142 siehe vorherige Endnote

143 Rittel, Horst W. J. (1992): *Planen, Entwerfen, Design.* Kohlhammer: Stuttgart. S. 382–383.

144 Pinker, Steven (2018): *Enlightenment now – The case for reason, science, humanism, and progress.* Viking: New York. S. 367–369.

145 Rittel, Horst W. J. (1992): *Planen, Entwerfen, Design.* Kohlhammer: Stuttgart. S. 392–394.

146 Rosling, Hans; Rosling, Ola; Rosling Rönnlund, Anna (2018): *Factfulness. Ten reasons we're wrong about the world – and why things are better than you think.* Sceptre: London. S. 202–203.

147 siehe Endnote 143

148 Kahneman, Daniel (2012): *Schnelles Denken, langsames Denken.* Siedler Verlag: München. S. 518.

149 Rosling, Hans; Rosling, Ola; Rosling Rönnlund, Anna (2018): *Factfulness. Ten reasons we're wrong about the world – and why things are better than you think.* Sceptre: London. S. 249. Übersetzt aus dem Englischen: „[...] we should be teaching our children humility and curiosity. Being humble, here, means being aware of how difficult your instincts can make it to get the facts right. It means being realistic about the extend of your knowledge. It means being happy to say ‚I don't know.' [...] Being curious means being open to new information and actively seeking it out. It means embracing facts that don't fit your worldview and trying to understand their implications. It means letting your mistakes trigger curiosity instead of embarrassment."

150 Harari, Yuval Noah (2015): *Eine kurze Geschichte der Menschheit.* Pantheon: München. S. 203.

151 Harari, Yuval Noah (2015): *Eine kurze Geschichte der Menschheit.* Pantheon: München. S. 202–204.

152 Hamann, Karen; Baumann, Anna; Löschinger, Daniel (2016): *Psychologie im Umweltschutz – Handbuch zur Förderung nachhaltigen Handelns.* Oekom: München. S. 29.

153 Hamann, Karen; Baumann, Anna; Löschinger, Daniel (2016): *Psychologie im Umweltschutz – Handbuch zur Förderung nachhaltigen Handelns.* Oekom: München. S. 85–86.

154 siehe vorherige Endnote

155 Hamann, Karen; Baumann, Anna; Löschinger, Daniel (2016): *Psychologie im Umweltschutz – Handbuch zur Förderung nachhaltigen Handelns.* Oekom: München. S. 87. Mit Bezug auf Homburg, A.; Stolberg, A.; Wagner, W. (2007): *Coping with global environmental problems: Development and first validation of scales.* Environment and Behavior, 39, 754–778. Und mit Bezug auf Lertzman, R. (2008): *The myth of apathy. Ecologist.* 19, 16–17.

156 Hamann, Karen; Baumann, Anna; Löschinger, Daniel (2016): *Psychologie im Umweltschutz – Handbuch zur Förderung nachhaltigen Handelns.* Oekom: München. S. 56. Mit Bezug auf Clayton, S.; Myers, G. (2009): *Conservation Psychology: Understanding and promoting human care for nature.* Wiley-Blackwell: West Sussex, UK.

157 Duden: *Sisyphusarbeit*. https://www.duden.de/rechtschreibung/Sisyphusarbeit.
     Zugriff am 02.11.2018.

158 Camus, Albert (2011): *Der Mythos des Sisyphos*. Rowohlt Taschenbuch Verlag: Hamburg.
     S. 143.

159 Camus, Albert (2011): *Der Mythos des Sisyphos*. Rowohlt Taschenbuch Verlag: Hamburg.
     S. 144.

160 Camus, Albert (2011): *Der Mythos des Sisyphos*. Rowohlt Taschenbuch Verlag: Hamburg.
     S. 144.

161 Kurzgesagt: *Optimistischer Nihilismus*. https://youtu.be/-9xNrBQpFt4.
     Zitat ab 0:57 Minuten. Zugriff am 15.05.2020.

162 Schulze, Gerhard (2003): *Die beste aller Welten*. Carl Hanser Verlag: München Wien. S. 44.

163 Hunecke, Marcel (2013): *Psychische Ressourcen zur Förderung nachhaltiger Lebensstile*.
     Denkwerk Zukunft – Stiftung kulturelle Erneuerung: Bonn. S. 33.

164 Camus, Albert (2011): *Der Mythos des Sisyphos*. Rowohlt Taschenbuch Verlag: Hamburg.
     S. 83.

165 Camus, Albert (2011): *Der Mythos des Sisyphos*. Rowohlt Taschenbuch Verlag: Hamburg.
     S. 89.

166 Camus, Albert (2011): *Der Mythos des Sisyphos*. Rowohlt Taschenbuch Verlag: Hamburg.
     S. 93–94.

167 Camus, Albert (2011): *Der Mythos des Sisyphos*. Rowohlt Taschenbuch Verlag: Hamburg.
     S. 83.

168 Camus, Albert (2011): *Der Mythos des Sisyphos*. Rowohlt Taschenbuch Verlag: Hamburg.
     S. 93–94.

169 Kurzgesagt: *Optimistischer Nihilismus*. https://youtu.be/-9xNrBQpFt4.
     Zitat ab 4:50 Minuten. Zugriff am 15.05.2020. In der deutschen Version des Videos ist der
     Wortlaut *„ein Reich in den Sternen zu errichten"*, in der englischen lautet er *„to build some
     kind of utopia in the stars"*.

170 Schulze, Gerhard (2003): *Die beste aller Welten*. Carl Hanser Verlag: München Wien. S. 13.

171 Hunecke, Marcel (2013): *Psychische Ressourcen zur Förderung nachhaltiger Lebensstile*.
     Denkwerk Zukunft – Stiftung kulturelle Erneuerung: Bonn. S. 14.

172 Hamann, Karen; Baumann, Anna; Löschinger, Daniel (2016): *Psychologie im Umweltschutz
     – Handbuch zur Förderung nachhaltigen Handelns*. Oekom: München. S. 40 u. 46–48.

173 Harré, Niki (2011): *Psychology for a Better World – Strategies to Inspire Sustainability*. Harré
     im Selbstverlag. S. 7. Übersetzt aus dem Englischen: *„I am with those who think a better
     world is possible, and I am willing to take risks, including the risk of being wrong and looking
     naive or moralistic or well-meaning, to work alongside others in creating this world."*

174 Schulze, Gerhard (2003): *Die beste aller Welten*. Carl Hanser Verlag: München Wien. S. 22.

175 Schulze, Gerhard (2003): *Die beste aller Welten*. Carl Hanser Verlag: München Wien.
     S. 19–21.

176 Schulze, Gerhard (2003): *Die beste aller Welten.* Carl Hanser Verlag: München Wien. S. 22.

177 Pinker, Steven (2018): *Enlightenment now – The case for reason, science, humanism, and progress.* Viking: New York. S. 248. Mit Bezug auf Nussbaum, Martha (2000): *Women and human development: The capabilities approach.* Cambridge University Press: New York.

178 Pinker, Steven (2018): *Enlightenment now – The case for reason, science, humanism, and progress.* Viking: New York. S. 3–4.

179 Pinker, Steven (2018): *Enlightenment now – The case for reason, science, humanism, and progress.* Viking: New York. S. 13. Mit Bezug auf Smith, Adam (1776/2009): *The wealth of nations.* Classic House Books: New York. Übersetzt aus dem Englischen: „*Through voluntary exchange, people benefit others by benefiting themselves [...]*".

180 Pinker, Steven (2018): *Enlightenment now – The case for reason, science, humanism, and progress.* Viking: New York. S. 28.

181 Kurzgesagt: *Ein egoistischer Grund, die Welt zu verbessern – Egoistischer Altruismus.* https://youtu.be/J5LodnKnLYU. Zitat ab 3:07 Minuten. Zugriff am 12.05.2020.

182 Pinker, Steven (2018): *Enlightenment now – The case for reason, science, humanism, and progress.* Viking: New York. S. 453. Übersetzt aus dem Englischen: „*We will never have a perfect world, and it would be dangerous to seek one. But there is no limit to the betterments we can attain if we continue to apply knowledge to enhance human flourishing.*"

183 Hamann, Karen; Baumann, Anna; Löschinger, Daniel (2016): *Psychologie im Umweltschutz – Handbuch zur Förderung nachhaltigen Handelns.* Oekom: München. S. 73. Mit Bezug auf J. O. Prochaska und C. C. DiClemente (1983): *Stages and processes of self-change of smoking.* Journal of Consulting and Clinical Psychology, 51. S. 390–395.

184 Hamann, Karen; Baumann, Anna; Löschinger, Daniel (2016): *Psychologie im Umweltschutz – Handbuch zur Förderung nachhaltigen Handelns.* Oekom: München. S. 73.

185 Kahneman, Daniel (2012): *Schnelles Denken, langsames Denken.* Siedler Verlag: München. S. 58.

186 Hamann, Karen; Baumann, Anna; Löschinger, Daniel (2016): *Psychologie im Umweltschutz – Handbuch zur Förderung nachhaltigen Handelns.* Oekom: München. S. 73.

187 Koglin, Ilona und Rohde, Marek (2016): *Und jetzt retten wir die Welt! Wie du die Veränderung wirst, die du dir wünschst – Das Handbuch für Idealisten und Querdenker.* Kosmos: Stuttgart. S. 7–8.

188 Hunecke, Marcel (2013): *Psychische Ressourcen zur Förderung nachhaltiger Lebensstile.* Denkwerk Zukunft – Stiftung kulturelle Erneuerung: Bonn. S. 21.

189 Kurzgesagt: *Optimistischer Nihilismus.* https://youtu.be/-9xNrBQpFt4. Zitat ab 5:16 Minuten. Zugriff am 15.05.2020

190 Pinker, Steven (2018): *Enlightenment now – The case for reason, science, humanism, and progress.* Viking: New York. S. 268. Übersetzt aus dem Englischen: „*[...] the goal of progress cannot be to increase happiness indefinitely [...] But there is plenty of unhappiness that can be reduced, and no limit as to how meaningful our lives can become.*"

191 Kahneman, Daniel (2012): *Schnelles Denken, langsames Denken.* Siedler Verlag: München. S. 487–488.

192 Pinker, Steven (2018): *Enlightenment now – The case for reason, science, humanism, and progress.* Viking: New York. S. 267. Übersetzt aus dem Englischen: „*Happiness isn't everything. We can make choices that leave us unhappy in the short term but fulfilled over the course of a life, such as raising a child, writing a book, or fighting for a worthy cause.*"

193 Rosling, Hans; Rosling, Ola; Rosling Rönnlund, Anna (2018): *Factfulness. Ten reasons we're wrong about the world – and why things are better than you think.* Sceptre: London. S. 255. Übersetzt aus dem Englischen: „*I have found fighting ignorance and spreading a fact-based worldview to be a sometimes frustrating but ultimately inspiring and joyful way to spend my life.*"

194 Pinker, Steven (2018): *Enlightenment now – The case for reason, science, humanism, and progress.* Viking: New York. S. 286.

195 Pinker, Steven (2018): *Enlightenment now – The case for reason, science, humanism, and progress.* Viking: New York. S. 267. Übersetzt aus dem Englischen: „*Stress, worry, arguments, challenges, and struggles make a life unhappier but more meaningful. It's not that people with meaningful lives masochistically go looking for trouble but that they pursue ambitious goals.*"

196 Camus, Albert (2011): *Der Mythos des Sisyphos.* Rowohlt Taschenbuch Verlag: Hamburg. S. 145.

197 Draser, Bernd (2014): *Die tröstliche Schönheit des Scheiterns.* In: factory – Magazin für nachhaltiges Wirtschaften. Ausgabe 2/2014. S. 22.

198 Flaxman, S., Mishra, S., Gandy, A. et al. (2020): *Estimating the effects of non-pharmaceutical interventions on COVID-19 in Europe.* In: Nature (2020). S. 12 und 15. PDF-Download unter: https://doi.org/10.1038/s41586-020-2405-7. Zugriff am 17.07.2020.

199 siehe vorherige Endnote

200 Hsiang, S.; Allen, D.; Annan-Phan, S.; et al. (2020): *The effect of large-scale anti-contagion policies on the COVID-19 pandemic.* Nature (2020). S. 1–2 und 5. PDF-Download unter: https://doi.org/10.1038/s41586-020-2404-8. Zugriff am 17.07.2020.

201 Berliner Morgenpost: *Coronavirus-Monitor.* Mit Daten des Center for Systems Science and Engineering (CSSE) der Johns Hopkins University (JHU). https://interaktiv.morgenpost.de/corona-virus-karte-infektionen-deutschland-weltweit/. Zugriff am 17.07.2020.
Zahl der bestätigten Infektionen bis zum 6. April 2020:
China: 81.707
Südkorea: 10.284
Italien: 132.547
Iran: 60.500
Frankreich: 74.390
USA: 356.114
gesamt: 715.542

202 Rosling, Hans; Rosling, Ola; Rosling Rönnlund, Anna (2018): *Factfulness. Ten reasons we're wrong about the world – and why things are better than you think.* Sceptre: London. S. 50–51.

203 Rosling, Hans; Rosling, Ola; Rosling Rönnlund, Anna (2018): *Factfulness. Ten reasons we're wrong about the world – and why things are better than you think.* Sceptre: London. S. 237–238

204 TED: *The next outbreak? We're not ready.* https://www.ted.com/talks/bill_gates_the_next_outbreak_we_re_not_ready?utm_campaign=tedspread&utm_medium=referral&utm_source=tedcomshare. Zitat ab 00:36 Minuten. Zugriff am: 12.07.2020. Übersetzt aus dem Englischen: „*Today the greatest risk of global catastrophe doesn't look like this.*" *[zeigt das Bild einer Atomexplosion]* „*Instead, it looks like this.*" *[zeigt das Bild eines Influenza-Virus]* „*If anything kills over 10 million people in the next few decades, it's most likely to be a highly infectious virus rather than a war. Not missiles, but microbes.*"

DANKE

Ich möchte mich bei der ecosign/Akademie für Gestaltung, an der dieses Buch als meine Abschlussarbeit begonnen hat, und bei der Gründerin und Direktorin Prof. Karin-Simone Fuhs bedanken für die Wertschätzung meiner Abschlussarbeit mit dem Froschkönig, dem Innovationspreis für Nachhaltigkeit der ecosign, und für all die Möglichkeiten, die aus meiner Zeit an der ecosign erwachsen sind. Vielen Dank auch an den Staatspreis MANUFACTUM und den Kölner Design Preis, die meine Abschlussarbeit 2019 mit Ausstellungsplätzen im makk – Museum für angewandte Kunst Köln und einem zweiten Platz beim Kölner Design Preis gewürdigt und unterstützt haben.

Ich möchte meinen Betreuungsdozenten während meiner Abschlussarbeit danken: Bernd Draser, der mich mit dem rationalen Optimismus und den Werken von Hans Rosling und der Gapminder-Stiftung bekannt machte, der das Potential in meiner Arbeit schon sah und mich immer bestärkte, während ich mich noch fragte, was ich da eigentlich mache. Und Elmar Sander, der mich dabei unterstützte, konzeptionell und gestalterisch das Beste aus der Arbeit herauszuholen und der mich, als ich noch gar nicht wusste, welche Form meine Botschaft überhaupt annehmen sollte, mit den Worten *„Dann schreib doch ein Buch"* dazu ermutigte, genau das zu tun – womit ich nicht nur der Botschaft und Komplexität der Arbeit gerecht werden konnte, sondern mir auch noch einen lange gehegten Traum erfüllte.

Vielen Dank an Simon Hamacher von digitaloriginal, der geduldig und kompetent schon ganzen Generationen von ecosignern bei der Verwirklichung ihrer Print-Projekte zur Seite stand und der einen großen Teil dazu beigetragen hat, dass ich die wahnwitzig komplexe Abschlussarbeit meiner Träume realisieren konnte. Von der Abschlussarbeit bis zu dem Buch, das Sie gerade in Händen halten, hat sich gestalterisch und buchbinderisch schlicht aus Produktions- und Kostengründen einiges getan. Wer an dieser Stelle neugierig geworden ist und wissen will, wie die Arbeit ursprünglich aussah, kann sehr gerne einen Blick in mein Portfolio unter www.fabienneschovenberg.de oder auf die Seite des Kölner Design Preises aus dem Jahr 2019 werfen unter www.koelnerdesignpreis.de.

Ich möchte meinen Kommilitonen danken, allen voran Julia König und Theresa Deeg, die mir inhaltlich und moralisch unterstützend und beratend zur Seite standen und die mir nicht nur durch die Krisen der Abschlussarbeit hindurch geholfen haben, sondern die Zeit auch zu einer sehr spaßigen Erinnerung haben werden lassen!

Danke an Hans Rosling, Ola Rosling, Anna Rosling Rönnlund, die Gapminder-Stiftung und Steven Pinker, die durch ihre Werke und ihre Arbeit meine Mentoren auf dem Weg heraus aus einer negativ verzerrten Weltsicht und hin zu einer possibilistischen Einstellung waren und bleiben werden. Ich habe mich oft gefragt, ob ich in diesem Buch nicht nur einfach die Worte und Erkenntnisse anderer wiederhole und ob darin wirklich so ein großer Mehrwert liegt. Auch, wenn diese kritische Stimme in meinem Kopf sich immer mal wieder meldet, weiß ich, dass ich mehr getan, auf die Erkenntnisse anderer aufgebaut, sie in Zusammenhang gebracht und um meine eigenen ergänzt habe. Aber unabhängig davon wäre ich auch schon zufrieden, wenn meine Arbeit dazu beiträgt, die Erkenntnisse und die Botschaften derjenigen weiter in die Welt hinauszutragen, die mich selbst so sehr inspiriert haben. Vielen Dank auch an alle anderen Autoren, die im Quellenverzeichnis dieses Buchs zu finden sind.

Ein riesiges Dankeschön an meine Lektoren und Korrektoren Anno Henze, Lisa Geike, Milena Wälder, Stefan Geike und Theresa Deeg, die mich konstruktiv-kritisch dabei unterstützt haben, dass die Texte auf dem Weg von der Abschlussarbeit zum Buch so sehr an Qualität dazugewonnen haben. Ich hatte sehr viel Freude dabei, imaginäre Gespräche mit euch zu führen, während ich eure Kommentare durchgearbeitet habe!

Ein großes Dankeschön an die Andrea von Braun-Stiftung, die dieses Werk sowohl in Form meiner Abschlussarbeit als auch in Form dieses Buches gefördert und möglich gemacht hat und die Projekte unterstützt, die unsere Welt ein wenig interdisziplinärer werden lassen. Vielen Dank für die Förderung an sich und ebenso für die Wertschätzung meiner Botschaft und Arbeit, die dadurch zum Ausdruck kommt.

Vielen Dank an die Westarp Verlagsservicegesellschaft mbH dafür, dass wir dieses Buchprojekt nun gemeinsam auf den Weg bringen. Vor allem an meinen direkten Ansprechpartner Dr. Günther Wannenmacher, der mir geduldig, hilfsbereit und kompetent bei all meinen Fragen, Anmerkungen und Überlegungen zur Umsetzung dieses Buchs zur Seite stand – und da gab es recht viele. Und an meine Lektorin Annett Pätsch, die mit ihrem bewundernswerten Blick fürs Detail auch noch die letzten Fehler ausgemerzt hat.

Mein besonderer Dank gilt meinen Eltern, Dagmar und Wolfgang Schovenberg, deren Unterstützung, Glaube und Vertrauen mir dieses Projekt ermöglicht und mich dazu motiviert haben. Und zu guter Letzt meinem besten Freund und dem Mann an meiner Seite, Stefan Geike, der, ob er wollte oder nicht, den Großteil meiner Krisen und Erfolge während der Entstehung dieses Buchs mitgemacht hat. Der mich immer wieder auf den Boden der Tatsachen zurückgeholt hat, wenn ich zu hoch geflogen oder zu tief gesunken bin. Und der immer an mich glaubt – besonders dann, wenn ich es mal nicht tue, was relativ häufig vorkommt.

Danke an alle, die an dieses Projekt und an mich geglaubt haben. Ich bin gespannt, wo die Reise von hier aus hingeht.

Und danke im Voraus an jeden Leser. In der Hoffnung, dass dieses Buch seinen Zweck erfüllt und dem ein oder anderen auf die ein oder andere Weise hilft, die Welt ein bisschen besser zu machen und dabei die Freude und Motivation nicht zu verlieren.

ÜBER DIE AUTORIN

Fabienne Schovenberg ist selbstständige Kommunikationsdesignerin für Nachhaltigkeit. Was das genau bedeutet, fragt sie sich selbst regelmäßig. Eine Möglichkeit, es zu beschreiben, ist folgende: Sie gestaltet Kommunikation und setzt sich mit ihrer Arbeit für Mitmenschen, Umwelt und Zukunftsfähigkeit ein. Und jetzt ist sie wohl auch Autorin, was sie selbst noch nicht so ganz fassen kann. Sie denkt und schreibt gerne, um die Welt besser zu verstehen, und teilt ihre Erkenntnisse mit anderen (z. B. in diesem Buch oder auch auf Instagram @kopflaut und auf kopflaut.de), was ihr Angst, aber noch mehr Freude bereitet. Ein paar Vorträge und Workshops zu den Themen Design, Nachhaltigkeit und kreative Selbstwirksamkeit durfte sie auch schon halten. Außerdem liegen ihr die Themen Achtsamkeit und Selbstverwirklichung sehr am Herzen (Letzteres hat einen ähnlich naiven Beigeschmack wie *Weltverbessern,* bedeutet aber laut dem Duden lediglich die *„Entfaltung der eigenen Persönlichkeit durch das Realisieren von Möglichkeiten, die in jemandem selbst angelegt sind".* Was doch eigentlich sehr vernünftig und erstrebenswert klingt.). Und auch, wenn sie bei all dem nicht immer so entspannt ist, wie es scheinen mag, ist sie gespannt, was da noch so kommt.